Hans-Günter Berner

An vollen Töpfen verhungern

---

warum Vollwerternährung leider nicht mehr reicht

Die Deutsche Bibliothek-CIP-Einheitsaufnahme

Berner, Hans-Günter

An vollen Töpfen verhungern : warum Vollwerternährung leider nicht mehr reicht / Hans-Günter Berner. – 5., erw. und überarb. Aufl. – Hamburg : Promedico – Verl., 1999
ISBN 3-932516-05-2

Lektorat: Gaby Guzek, Jutta Heinze
Illustration: J. Brügmann, Hamburg.
Umschlaggestaltung, Layout und Satz:
Rebecca von Bargen, Hamburg.

Druck und Verarbeitung: Max Siemen KG, Hamburg.

Gedruckt auf chlorfrei gebleichtem Papier.

Printed in Germany
ISBN 3-932516-05-2

Wichtiger Hinweis:

Die Medizin und Ernährungswissenschaft unterliegt ständigem Wandel und Weiterentwicklungen. Der Autor hat große Sorgfalt darauf verwendet, daß alle Angaben dem derzeitigen Wissensstand entsprechen. Das gilt insbesondere für Angaben zur Behandlung und medikamentösen Therapie. Das entbindet den Benutzer nicht, die Angaben anhand des Beipackzettels verwendeter Präparate und ggf. unter Zuziehung eines Spezialisten kritisch zu überprüfen. Jede Medikamentengabe und/oder -dosierung erfolgt ausschließlich auf Gefahr des Anwenders.

Gebrauchsnamen, Handelsnamen, Warenzeichen oder ähnliches, die in diesem Buch ohne besondere Kennzeichnung aufgeführt sind, berechtigen nicht zu der Annahme, daß sie ohne weiteres von jedem benutzt werden dürfen.

Hans-Günter Berner

An vollen Töpfen verhungern

—

warum Vollwerternährung leider nicht mehr reicht

PROMEDICO

Ernährungswissenschaftliches Vorwort

„An vollen Töpfen verhungern…": Dieser Titel provoziert zu Recht. Ernährungswissenschaftler haben schon vor Jahren auf den „Mangel im Überfluß" bzw. die „Fehlernährung im Wohlstand" hingewiesen. Damit ist aber nicht nur die vielfach tatsächlich einseitige Ernährung gemeint, sondern auch die zunehmende Schwierigkeit, im modernen Schlaraffenland und unter den gegenwärtigen Arbeits- und Lebensbedingungen die richtige Wahl zu treffen. Leichte Arbeit erfordert bekanntlich leichte Kost. Man darf nicht zu viele Kalorien zu sich nehmen, also muß die Nährstoffdichte stimmen, um bei relativ geringer Energiezufuhr dennoch alle lebenswichtigen Nahrungsinhaltsstoffe zu bekommen.

„Qualität statt Quantität" fordern Ernährungswissenschaftler vom Essenden. Doch erfüllt der moderne Warenkorb selbst bei gutem Willen keineswegs immer diese Anforderung. Umwelteinflüsse, Produktions-, Transport- und Lagerungsbedingungen – all das geht nicht selten zu Lasten der Qualität, d. h. des Gehaltes an wertgebenden Inhaltsstoffen in unseren Lebensmitteln. Weitere Fragen drängen sich sowohl dem Gesundheitsbewußten wie dem Feinschmecker auf: „Wie sieht es mit dem Vitamingehalt und Geschmack von sogenanntem frischen Salat und Gemüse im Supermarkt nach langer Lagerzeit aus?" Natürlich ist damit die Gefahrenstrecke für Vitamine und Mineralstoffe bis zum Verzehr längst noch nicht überstanden.

Genuß und Gesundheit sind eine Einheit beim Essen

Genau richtig: Obst und Gemüse in den Ampelfarben rot, grün und gelb.

Bekanntlich machen auch natürliche Pflanzenfarb- und Aromastoffe den Gesundheitswert eines Essens aus. Was Augen und Gaumen erfreut, wird zur Zeit von der Forschung intensiv im Hinblick auf sein gesundheitsförderndes Potential untersucht. Ärzte raten zur Obst- und Gemüseauswahl nach den Ampelfarben: rot, gelb, grün. Und statt „One apple a day keeps the doctor away" heißt es längst: Fünf Portionen Obst und Gemüse täglich. Das neu entdeckte Gesundheitsplus von Obst und Gemüse (aber auch von Hülsenfrüchten und Getreide) wird mit dem sachlichen Begriff „sekundäre Pflanzeninhaltsstoffe" bezeichnet. Die präventive Wirkung dieser bioaktiven Pflanzenstoffe kommt aber eher in der englischen Bezeichnung „Phytoprotectants" (= Pflanzenschutzstoffe) zum Ausdruck. Besonderes Forschungsinteresse besteht an der Schutzwirkung von sekundären Pflanzenstoffen im Hinblick auf die weitverbreiteten Herz-Kreislauf- und Krebserkrankungen, aber auch im Zusammenhang mit einer günstigen Beeinflussung des Blutfett- und Blutzuckerspiegels sowie einer Stärkung des Immunsystems.

Schutzfaktoren statt Risikofaktoren

In diesem modernen Denkansatz steckt die Erkenntnis, daß Verbotslisten und Vermeidungsstrategien beim Essen vermutlich weniger erfolgreich sind als positive Empfehlungen wie „Das dürfen Sie gerne und mit Genuß essen". Eindeutig und ganz oben auf der Positivliste beim Essen stehen daher Gemüse, Obst und Küchenkräuter. Ebenso ist nichts verboten, wenn das persönlich zuträgliche Maß stimmt.

Die Basisernährung optimieren und richtig ergänzen

Obst und Gemüse sind mehr als nur große Vitamintabletten. Auch wer für sich eine Nahrungsergänzung in Erwägung zieht, sollte stets die Möglichkeiten und Grenzen dieser Maßnahme bedenken. Wenn man in seiner Alltagskost weiterhin zu fettreich ißt und die fitneßfördernden Kohlenhydrate an den Tellerrand verdrängt, bringt auch ein noch so gut konzipiertes Präparat nicht den vollen Erfolg. Vielleicht sollte man sich deshalb auch auf den Begriff „Nahrungsaufwertung", den man früher z. B. für vitalstoffreiche Produkte wie Weizenkeime und Hefeflocken verwendete, zurückbesinnen.

Obst und Gemüse sind mehr als nur große Vitamintabletten.

Es geht weder um den Ersatz einer gesundheitsfördernden Ernährung bzw. dazugehörender Lebensmittel noch um die isolierte und (zu) hohe Zufuhr einzelner vermeintlich besonders gesunder Nahrungsinhaltsstoffe, besonders wenn man auch an die Verfügbarkeit für den Stoffwechsel denkt. Nur das Zusammenspiel der zirka 50 Nährstoffe und der unübersehbaren vielfältigen Gruppe der sekundären Pflanzenschutzstoffe macht eine gesunde Ernährung aus. Eine im ganzheitlichen Sinne zusammengestellte moderate Nahrungsaufwertung mit hochwertigen Lebensmittelzutaten kommt dem Ziel einer lückenlosen Versorgung mit all den Stoffen, die man heute tatsächlich sinnvoll ergänzen (muß) sollte, am nächsten. Eine solche Nahrungsaufwertung ist kein Alibi für ein mangelndes Ernährungsbewußtsein, sondern eine Art „Versicherung" bei allen Unwägbarkeiten, sowohl bei normalem als auch erhöhtem Bedarf.

Ernährungsempfehlungen erleichtern

Die ernährungswissenschaftlich begründete Empfehlung, mehr Obst und Gemüse zu essen, kann man sich im modernen Sinne von Convenience durchaus erleichtern, indem man von den insgesamt fünf Portionen Obst und Gemüse täglich zumindest eine Ration in flüssiger Form aufnimmt. Damit sind hochwertige Gemüse- und Obstsäfte oder entsprechend schonend hergestellte Konzentrate gemeint. Je vielfältiger die pflanzlichen Zutaten dabei kombiniert sind, desto breiter ist das Spektrum essentieller Mikronährstoffe und bio-

Eine ganzheitliche Nahrungsaufwertung ist kein Alibi für schlechte Ernährungsgewohnheiten, sondern vielmehr eine „Versicherung".

aktiver Pfanzenschutzstoffe. Auch ist bekannt und wissenschaftlich erwiesen, daß die Bioverfügbarkeit der gesundheitsfördernden Inhaltsstoffe in flüssiger Aufbereitung besonders gut ist. Mit Hilfe eines hochwertigen Obst- und

Gemüsekonzentrats schaffen Sie es, das Mengen-
problem beim geforderten hohen Gemüse- und
Obstverzehr zu bewältigen und können zugleich „auf
Nummer sicher" gehen, daß Sie aufgrund der
Konzentrierung der wertgebenden Inhaltsstoffe bei
der schonenden Herstellung auch wirklich in den voll-
en Genuß der Gesundheitsvorteile kommen. Übrigens:
Untersuchungen haben gezeigt, daß Menschen die
eine pflanzlich orientierte Ernährung mit reichlich
Obst und Gemüse praktizieren, gut mit allen
Nährstoffen versorgt sind. Das beweist letztendlich,
daß auch vor dem Hintergrund der Sorge um eine
Abnahme im Mikronährstoffgehalt von pflanzlichen
Lebensmitteln ein Ausgleich durch einen Mehrverzehr
der pflanzlichen Fitmacher die zur Zeit pragmatisch-
ste Lösung ist – sei es in frischer, tiefgefrorener oder
konzentrierter flüssiger Form.

Die nachfolgenden Ausführungen, zu dem was den
Wert unserer Nahrung tatsächlich ausmacht, finden
sicherlich die grundsätzliche Zustimmung des
Ernährungswissenschaftlers – vor allem, wenn man
das persönliche Engagement, die praxisnahe und deut-
liche Sprache sowie die Schwerpunktsetzung des
Autors anerkennt.

Prof. Dr. troph. Michael Hamm,
Ernährungswissenschaftler

Hamburg, im Winter 1999

Aber bitte mit Sahne? Löffelweise Kalorien, grammweise Fett –
bei zuckersüßen Cremetorten und anderen Kalorienbomben greifen die
meisten viel zu oft zu – zu Lasten wertvoller Vitalstoffe.

Foto: MAURITIUS

Im Überfluß verhungern

Kein Zweifel: Wir leben in einem Schlaraffenland. Die Regale unserer Lebensmittelläden biegen sich – und trotzdem leiden viele Menschen unter einem Mangel an Vitaminen, Mineralstoffen und Spurenelementen.

Die Deutschen essen sich krank. Ernährungsbedingte Krankheiten kosten volkswirtschaftlich gesehen pro Jahr rund 80 Milliarden Mark, haben Wissenschaftler ausgerechnet. Auch die Schuldigen haben die Forscher bereits ausgemacht: Sie rechnen uns vor, wir äßen zu viel, zu fett, zu salzig und zu süß und würden deshalb krank. Das stimmt – aber ihre Argumente greifen zu kurz.

Ernährungsbedingte Krankheiten kosten jedes Jahr 80 Milliarden Mark. Wir essen zu viel, zu fett, zu salzig und zu süß.

Es macht nicht nur das „Zuviel" in unserer Nahrung krank, sondern auch das „Zuwenig". Denn trotz reichhaltiger Kost geraten viele Deutsche ins Defizit: Wichtige Vitamine, Mineralstoffe und Spurenelemente, die der Körper zum Gesundbleiben braucht, kommen zu kurz. Zwischen Wunsch und Wirklichkeit klafft eine Lücke: Die empfohlenen Mengen liegen hierzulande nicht immer auf dem Teller (vgl. Tabelle auf S. 18).

Am schlechtesten sind Raucher/innen und Freunde alkoholischer Getränke dran; Hochprozentiges und blauer Dunst sind wahre Nähr-

Vorsicht: Hier wird's bei manchen knapp

Ballaststoffe	Vollkornprodukte, Obst, Gemüse
Kalzium	Milchprodukte
Magnesium	Gemüse (z. B. Sellerie, Kohl), Vollkornprodukte
Jod	Seefisch, Meeresalgen
Vitamin C	Obst (z. B. Acerolakirschen, Zitrusfrüchte), Gemüse (z. B. Brokkoli, Grünkohl, grünes Weizengras)
Vitamin D	Fisch, Pilze, Eier, Streichfette
Folsäure	Hülsenfrüchte, Kohl, Salat
Karotinoide	gelb-rotes Obst und Gemüse (z. B. Möhren, Tomaten, Grünkohl, Maracuja)
Zink	Fleisch, Getreide, Seefisch
Selen	Getreide, grünes Weizengras, Seefisch

Besonders kritisch bei Frauen

Eisen	dunkles Fleisch, grüne Blattgemüse
Vitamin E	Pflanzenöle und -fette

stoffkiller. Kein Wunder auch, daß rund 20 Prozent der Deutschen nicht genug immunstärkendes Vitamin C bekommen, allein weil sie wahre Obst- und Gemüsemuffel sind.

Neben einseitiger Ernährung wichtigster Grund für den „Mangel im Überfluß": Die meisten Menschen sind fast den ganzen Tag über körperlich untätig, sitzen vor dem Schreibtisch oder im Auto. Folglich verbrauchen sie auch weniger Energie und müssen weniger essen – dürfen sogar täglich nicht mehr als 2.000 bis 2.500 Kalorien zu sich nehmen, weil sonst die Waage nach oben schnellt. Und nicht wenige schnallen den Gürtel noch enger. Das stellt selbst ausgefuchste Ernährungswissenschaftler vor ein Riesenproblem: Je weniger Kalorien wir essen, desto schwieriger wird es, einen Speisezettel zusammenzustellen, der alle lebenswichtigen Inhaltsstoffe liefert, also eine entsprechend hohe „Nährstoffdichte" hat, wie Fachleute sagen.

Unsere Nahrung enthält heute weniger Vitalstoffe als noch vor knapp 15 Jahren.

Doch auch der ausgeklügeltste Ernährungsfahrplan schützt nicht immer sicher vor einem Mangel. Der Grund: Unsere Nahrung enthält heute nicht mehr so viele Inhaltsstoffe wie noch zu Großvaters Zeiten.

Bei einer Intensivlandwirtschaft, die nur auf Größe und Aussehen von Kirschen, Kartoffeln, Kohlrabi & Co. setzt, bleiben wichtige Inhaltsstoffe zunehmend auf der Strecke. Und damit nicht nur der Geschmack, sondern auch die Nährwerte. Vor allem Magnesium, Selen und Zink zählen zu diesen „Sorgenkindern", denn jede Pflanze kann nur so gut sein wie der Boden, auf dem sie wächst. Glücklicherweise denken immer mehr Landwirte um

Ackerbau ist nicht gleich Ackerbau: Ein ungespritzter Salatkopf frisch vom Feld schmeckt einfach besser als sein Bruder aus dem Treibhaus.

und setzten auf ökologischen Landbau statt auf den großzügigen Griff in die „Chemiekiste".

Auch die Umweltverschmutzung gefährdet unsere Versorgung. Beispielsweise reagieren eine Reihe von Umweltgiften im Boden mit wichtigen Substanzen, die eigentlich die Pflanzen aufnehmen müßten, um gute Vitalstofflieferanten zu sein.

Ein Beispiel: Der saure Regen enthält das Element Schwefel, welches im Boden das Element Selen für die Pflanzen unverfügbar macht. Die Pflanze kann diese Verbindung nicht mehr aufnehmen, ein Selenmangel in unserer Nahrung ist die Folge. Vor allem Vegetarier trifft dies: Denn Schweine bekommen bereits eine Extraportion Selen unters Futter gemischt,

Obst und Gemüse — gestern und heute

	Mineralien und Vitamine Gehalt in Milligramm je 100 Gramm Lebensmittel	1985	1996	Differenz
Brokkoli	Kalzium	103	33	minus 68 %
	Folsäure	47	23	minus 52 %
	Magnesium	24	18	minus 25 %
Bohnen	Kalzium	56	34	minus 38 %
	Folsäure	39	34	minus 12 %
	Magnesium	26	22	minus 15 %
	Vitamin B_6	140	55	minus 61 %
Kartoffel	Kalzium	14	4	minus 70 %
	Magnesium	27	18	minus 33 %
	Vitamin C	20	25	plus 25 %
Möhren	Kalzium	37	31	minus 17 %
	Magnesium	21	9	minus 57 %
Spinat	Magnesium	62	19	minus 68 %
	Vitamin B_6	200	82	minus 59 %
	Vitamin C	51	21	minus 58 %
Banane	Kalzium	8	7	minus 12 %
	Folsäure	23	3	minus 84 %
	Magnesium	31	27	minus 13 %
	Vitamin B_6	330	22	minus 92 %
Erdbeere	Kalzium	21	18	minus 14 %
	Magnesium	12	13	plus 8 %
	Vitamin C	60	13	minus 67 %

Quelle: auf Basis der Daten vom Schwarzwaldsanatorium Obertal

die sich dann letztlich auch im Kotelett auf unserem Teller wiederfindet.

Der saure Regen reduziert auch den Magnesiumgehalt der Pflanzen: Er setzt im Boden Aluminium frei, das mit dem dort ebenfalls vorkommenden Magnesium konkurriert – die Pflanzen bevorzugen Aluminium, der Magnesiumgehalt im Gemüse geht deutlich zurück. Um durchschnittlich 18 Prozent, fanden Ernährungswissenschaftler der Universität Gießen heraus. Wer noch mit den „alten" Werten der gültigen Nährwerttabellen rechnet, muß mittlerweile rund ein Fünftel draufschlagen, damit die Magnesiumbilanz stimmt. Ernährungswissenschaftler vom Schwarzwaldsanatorium in Obertal wollten es 1996 genauer wissen und untersuchten einen bunten Obst- und Gemüsekorb. Traurige Bilanz: Im Vergleich zur offiziellen Nährwerttabelle des Schweizer Chemiekonzerns Geigy von 1985 hatten Apfel, Banane, Brokkoli & Co. mächtig Vitamine und Mineralien abgespeckt.

Luft, Licht, Wasser und Hitze gehen den meisten Vitalstoffen an den Kragen.

Denen geht es nach der Ernte noch weiter an den Kragen: Ein angewelkter Salatkopf oder ein müder Blumenkohl aus dem Supermarktregal haben im wahrsten Sinne des Wortes schlapp gemacht – je länger gelagert, umso mehr. Erst im Kochtopf endet die

Spezial: Behalten Sie folgende Vitalstoffe im Auge:

Vitamine: C, D, B_1, B_6, B_{12}, Folsäure

Mineralstoffe: Kalzium, Kalium, Magnesium, Eisen

„Gefahrenstrecke", denn ein langes Bad in Hitze und Wasser mögen weder Vitamine noch Mineralstoffe.

Nicht nur Umweltschadstoffe, falsche Lagerung und langes Kochen – auch Medikamente können wahre Nährstoffräuber sein. Manche Mittel erschweren die Aufnahme, andere wiederum kurbeln die Ausscheidung über die Nieren an (vgl. S. 24 und 25).

Kritisch wird es vor allem bei Personen, die häufig und regelmäßig Medikamente benötigen, beispielsweise chronisch Kranke. Vor allem Diabetiker, Menschen mit Fettstoffwechselstörungen, hohem Blutdruck und Rheuma müssen auf eine gute Versorgung achten.

Auch bei bestimmten Krankheiten steigt der Bedarf an unterschiedlichen Vitaminen, Mineralstoffen und Spurenelementen. So haben Wissenschaftler herausgefunden, daß beispielsweise Neurodermitikern häufig das Element Zink fehlt. Zink ist wichtig für die Hautregeneration.

Ein dauerhafter Nährstoffmangel geht zu Lasten von Gesundheit, Leistungsfähigkeit und Wohlbefinden.

Schließlich haben auch Menschen einen deutlich höheren Bedarf an Vitalstoffen, die von ihrem Körper Höchstleistungen verlangen. Das sind in erster Linie Hochleistungssportler, aber auch schwangere und stillende Frauen.

Ernährungswissenschaftler sind sich einig: Ein dauerhafter Mangel an lebenswichtigen Nährstoffen hat schwerwiegende Folgen für Gesundheit, Leistungsfähigkeit und Wohlbefinden. Professor Dr. Heinz Liesen, Sportmediziner und Spezialist für Ernährungsfragen: „In Unter-

Nährstoffräuber aus dem Arzneischrank

Arzneimittelgruppe	Hauptnährstoffe			Vitamine									
	Eiweiße	Fette	Kohlenhydrate	Vitamin B$_1$	Vitamin B$_2$	Vitamin B$_6$	Vitamin B$_{12}$	Folsäure	Vitamin C	Vitamin A	Vitamin D	Vitamin E	Vitamin K
Schmerzmittel, auch Anti-Rheuma-Mittel	✗	✗				✗			✗				✗
Appetitzügler						✗							
säurebindende und andere Magen-Arzneimittel				✗						✗			
Antibiotika		✗		✗	✗	✗	✗	✗	✗	✗	✗		✗
Antidiabetika, orale	✗	✗					✗						
blutdrucksenkende Mittel		✗				✗	✗						
krampflösende Mittel						✗	✗	✗	✗		✗		✗
Digitalisglykoside (z. B. bei Herzschwäche)													
harntreibende Mittel		✗						✗					
Glukokortikoide (z. B. bei Asthma)	✗	✗					✗			✗	✗		
„Pille"	✗	✗	✗	✗	✗	✗	✗	✗	✗	✗		✗	
Abführmittel	✗	✗	✗							✗	✗	✗	✗
lipidsenkende Mittel (z. B. bei zu hohem Cholesterinspiegel)		✗	✗				✗	✗		✗	✗	✗	✗
Beruhigungs- und Schlafmittel	✗								✗	✗	✗		
Sulfonamide				✗	✗	✗	✗	✗	✗				✗
Tuberkulose-Mittel						✗	✗	✗					
die Harnsäure-Ausscheidung fördernde Mittel (z. B. bei Gicht)	✗				✗		✗	✗					

Quelle: nach Mühleib, Friedhelm: Fit, schön und gesund – Vitamine. Gräfe und Unzer, 1993

Fortsetzung auf der nächsten Seite

Nährstoffräuber aus dem Arzneischrank

Arzneimittelgruppe	Mineralstoffe										alle Nährstoffe
	Kalzium	Eisen	Fluorid	Jod	Kalium	Kupfer	Magnesium	Natrium	Phosphor	Zink	
Schmerzmittel, auch Anti-Rheuma-Mittel				✗		✗					
Appetitzügler											✗
säurebindende und andere Magen-Arzneimittel	✗	✗	✗		✗			✗	✗		
Antibiotika	✗	✗			✗		✗	✗		✗	
Antidiabetika, orale	✗										
blutdrucksenkende Mittel					✗			✗	✗		
krampflösende Mittel	✗										
Digitalisglykoside (z. B. bei Herzschwäche)	✗				✗			✗			
harntreibende Mittel	✗				✗		✗	✗		✗	
Glukokortikoide (z. B. bei Asthma)	✗	✗						✗	✗	✗	
„Pille"	✗	✗				✗	✗		✗	✗	
Abführmittel	✗				✗			✗	✗		
lipidsenkende Mittel (z. B. bei zu hohem Cholesterinspiegel)	✗						✗		✗		
Beruhigungs- und Schlafmittel	✗								✗		
Sulfonamide											
Tuberkulose-Mittel	✗	✗			✗	✗					
die Harnsäure-Ausscheidung fördernde Mittel (z. B. bei Gicht)	✗	✗			✗		✗	✗	✗		

Quelle: nach Mühleib, Friedhelm: Fit, schön und gesund – Vitamine. München, 1993

suchungen haben wir bei 35–50% der 20–50jährigen eine eindeutige Mangelversorgung festgestellt." Viele fordern deshalb bereits, die fehlenden Substanzen per Tablette auszugleichen. Der enorme Erkenntniszuwachs der letzten Jahre über die vielen Vorteile von Vitalstoffen hat etliche Hersteller auf den Plan gerufen, die nun die eine oder andere Substanz als das Nonplusultra für die Gesundheit feiern. Immerhin benötigen wir rund 50 Nährstoffe. Erst das richtige Zusammenspiel hält gesund und fit, ähnlich einem Orchester, das erst dann Musik in unseren Ohren ist, wenn alle Musiker optimal aufeinander eingespielt sind. Der menschliche Organismus ist schließlich kein Faß, in das man einfach eine Substanz – womöglich noch in unkontrollierten Mengen – hineingießen kann in der Hoffnung, die fehlende Menge würde so ausgeglichen. Viel hilft nicht immer viel, im Gegenteil. Hochdosierte Einzelpräparate bringen leicht die Vitalstoffbalance aus dem Gleichgewicht und verändern den Bedarf und die Verfügbarkeit ihrer „Mitspieler".

Das Nährstoffkonzept der Natur ist genial: Die meisten Lebensmittel bringen eine ausgefeilte Vitalstoffmischung mit.

Manche Stoffe bilden ein starkes Doppelpack: Eisen und Vitamin C beispielsweise. Der Körper kann Eisen aus pflanzlichen Nahrungsmitteln allein nur schlecht aufnehmen. Gibt man allerdings Vitamin C dazu, funktioniert die Aufnahme wesentlich besser und der Eisenspiegel im Blut steigt an.

Diese „Resorption", wie Fachleute den Übertritt von Nährstoffen aus der Nahrung in den Körper nennen, ist ein entscheidender Faktor bei der Ergänzung von fehlenden Vitalstoffen.

Die Natur macht es uns vor: Unsere Lebensmittel halten in ihrer ursprünglichen Form unsere lebenswichtigen Vitamine, Mineralstoffe und Spurenelemente immer in einer ausgefeilten Kombination mit meist noch anderen Substanzen bereit, die ihre Resorption optimal ermöglichen. Doch kein System ist perfekt: Manche Nahrungsmittel bringen auch Substanzen mit, die die Aufnahme von Mineralstoffen hemmen; sogenannte Oxalsäure in Spinat und Rhabarber oder Phytate in Getreide beispielsweise. Doch auch diese machen offenbar Sinn. Prof. Claus Leitzmann, Deutschlands führender Experte auf dem Gebiet der Vollwerternährung, sieht in Phytaten auch einen möglichen Schutzfaktor vor Krebs. Denn die einst verpönten Stoffe setzen offenbar nicht nur erwünschte Mineralstoffe schachmatt, sondern auch solche, die als freie Radikale die Zellen schädigen können.

Klug entwickelte Nahrungsergänzungen orientieren sich am Bauplan der Natur.

Es macht einen riesigen Unterschied, in welcher Form, das heißt in welcher chemischen Verbindung, ein Vitalstoff dem Organismus angeboten wird. Denn in den seltensten Fällen kommt beispielsweise ein Mineralstoff oder Spurenelement als solches allein vor, meist steckt es in einer chemischen Verbindung mit mehreren anderen Elementen.

Klug entwickelte Nahrungsergänzungen orientieren sich also am Bauplan der Natur und nicht nur am Reagenzglas des Vitaminherstellers. Schließlich sind Zitronen oder Paprika mehr als große Vitamintabletten.

Foto: MAURITIUS

Unsere Zellen sind wie Büroarbeiter: Erst wenn Umgebung, Umfeld und das Klima stimmen, bringen sie optimale Leistung.

Das Universum auf der Nadelspitze: die Körperzelle

Wer soll da noch durchblicken? Jeden Tag bejubeln die Medien eine neue Nahrungssubstanz als den alleinigen Gesundbrunnen. Dem klaren Menschenverstand kommt das schon lange spanisch vor. Wer sich allerdings darüber informieren will, wie gesunde Ernährung tatsächlich funktioniert, bleibt nicht selten im Jargon-Gestrüpp der Ernährungswissenschaft hängen. Ein Blick hinter das Fach-chinesisch zeigt, daß die Wahrheit wieder einmal im Ganzen liegt – unsere Nahrung ist viel zu clever komponiert, als daß ein einziger Wirkstoff der Schlüssel zur Glückseligkeit sein könnte.

Unsere Nahrung ist viel zu clever komponiert, als daß ein einziger Wirkstoff der Schlüssel zur Glückseligkeit sein könnte.

Das ganze geballte Fachwissen der Ernährungswissenschaft, der Biochemie und der Medizin zu verstehen fällt leichter, wenn man sich vor Augen hält, wem denn eine gesunde Ernährung wirklich zugute kommen soll. Denn bevor es dem Menschen als Ganzem gut geht, muß erst die einzelne Körperzelle optimal versorgt sein.

Der menschliche Körper ist ein wahres Wunderwerk: In jeder Sekunde laufen im

Organismus zirka 10^{30} (eine 1 mit 30 Nullen!) chemische Operationen in etwa 70 Billionen einzelnen Zellen ab – das sind 15.000mal mehr Zellen im Körper, als Menschen auf dieser Erde leben. Jeden Tag sterben 600 Milliarden Zellen ab. Die gleiche Zahl bildet sich neu und reiht sich reibungslos in den Körper ein. Alle fünf Tage entsteht so eine neue Darmschleimhaut, alle paar Wochen erneuern sich die Leberzellen komplett und jeden Monat die Haut.

Denkt man nun über die Bedeutung von Vitalstoffen für das Wohlbefinden nach, landet man zwangsläufig wieder bei der kleinsten Körpereinheit, die es zu pflegen gilt: der Körperzelle. Dort findet der Stoffwechsel statt, dort werden die Vitalstoffe benötigt.

Um in die Zellen zu gelangen, müssen die Vitalstoffe die Zellwand passieren – logischerweise darf nicht jede Substanz dort hinein. Diese feine „Membran", wie diese Trennwand in der Fachsprache heißt, ist ein faszinierendes, feines Gebilde. Sie hat viel kompliziertere Aufgaben, als nur die einzelnen Zellbestandteile zusammenzuhalten.

Ohne Vitalstoffe macht die stärkste Zelle schlapp.

Die Zellmembran ist nicht hermetisch geschlossen und starr, sondern sorgt dafür, daß alle lebenswichtigen Vitalstoffe in die Zelle gelangen oder sie wieder verlassen können. Deshalb ist sie auch nicht dicht wie eine Tüte, sondern ähnelt eher einem zähflüssigen, dicken Film. Übrigens: Dafür sind verschiedene mehrfach ungesättigte Fettsäuren besonders wichtig.

In unserem Körper passieren jede Sekunde Millionen kleinster Vitalstoffteilchen die Zellmembranen und versorgen die einzelnen Zellbestandteile. Dabei hat jeder Nahrungsbestandteil sein besonderes Ziel: Die Aminosäuren müssen zum Produktionsort der Eiweiße. Dort setzt eine Mini-Fabrik (das sogenannte „Endoplasmatische Retikulum") neue, lebenswichtige Eiweiße daraus zusammen.

Die Kraftwerke der Zelle hingegen, die „Mitochondrien", brauchen Fett und Sauerstoff, damit sie dem Organismus genügend Energie zum Funktionieren liefern können. Daneben gibt es in jeder Zelle noch viele andere Mini-Biofabriken, die ganz besondere Aufgaben erfüllen.

Dies können sie allerdings nur, wenn ihnen auch genügend Vitalstoffe zur Verfügung stehen, die von außen durch die Zellwand durchtreten müssen.

Welche Substanz wichtig ist und in das Zellinnere darf und welche nicht, entscheiden bestimmte „Pförtner" auf der Zellwand. Jeder Pförtner hat sich das Erscheinungsbild einer Substanz – etwa einer bestimmten Fettsäure – eingeprägt. Kommt sie vorbei und will hinein, macht er ihr ein kleines Türchen auf.

Das Prinzip der „Rezeptoren" wie Biologen die Zellpförtner nennen, ist klug und altbewährt. Problematisch wird es nur, wenn der einzelne Pförtner

Der Zell-Pförtner ist wählerisch: Manchen öffnet er die Tür, anderen wiederum schlägt er sie vor der Nase zu.

sechs bis acht Wochen ohne Arbeit ist, das heißt, allzu lange allzu wenig Vitalstoffe in die Zelle gelangen wollten. Dann allmählich geht der Pförtner in Pension – oder medizinisch ausgedrückt: Ernährt man sich über lange Zeit vitalstoffarm, schrumpfen die Rezeptoren an der Zelloberfläche und verkümmern. Genauso, wie ein gebrochener Arm auch nicht gleich wieder greifen kann – er muß erst wieder heilen. Selbst wenn dann später einmal wieder viele Vitalstoffe im Blut sind, können die Zellen sie nicht gleich aufnehmen – sie müssen erst langsam wieder Rezeptoren ausbilden. Das dauert lange.

Viel besser ist es, die „Pförtner" von vornherein am Leben zu erhalten. Welche Vitalstoffe dafür gebraucht werden und welchen Nutzen sie bringen, das erfahren Sie in den folgenden Kapiteln.

Eine gute und gleichmäßige Versorgung mit Vitalstoffen hält das sogenannte „Zellmilieu" stabil. Der Begriff „Milieu" beschreibt dabei nichts anderes als die verschiedenen Faktoren, die optimal sein müssen, damit die Zelle funktionsfähig ist. Vergleichbar ist dies mit dem Klima beispielsweise in einem Büroraum.

Eine gute und gleichmäßige Vitalstoffversorgung hält das Zellmilieu stabil.

Damit ein Mensch dort optimal arbeiten kann, braucht er gute Luft, Licht, eine bestimmte Raumtemperatur und so fort. Ist die Luft stickig oder der Raum düster, kann der Mensch zwar bis zu einem gewissen Grad noch immer arbeiten, nur nicht so gut. Genauso ist es mit dem Zellmilieu. Nur wenn ein bestimmter Säuregrad herrscht, der nur geringe Schwankungen verträgt, können in der Zelle alle nötigen chemischen

Prozesse gut ablaufen. Genauso müssen beispielsweise genügend Energie und Vitalstoffe da sein, die ein chemisches Gleichgewicht bilden.

Wie gesagt – unsere Zellen sind wie ein Büroarbeiter: Sie können zwar unter nicht optimalen Bedingungen arbeiten, volle Leistung bringen sie dann aber nicht mehr.

Die richtige Mischung macht's: In unseren Lebensmitteln steckt ein wahrer Schatz an wertvollen Substanzen. Doch viel zu wenige greifen mit beiden Händen zu.

Foto: Langnese-Iglo GmbH

Was macht unsere Nahrung nahrhaft?

Damit der Körper seine tägliche Riesenleistung perfekt vollbringen kann, braucht er viele Vitalstoffe, die er selbst nicht herstellen kann und sie deshalb aus der Nahrung aufnehmen muß.

Spezial: Was sind eigentlich Vitalstoffe?

Klassische Ernährungswissenschaftler sprechen nicht von Vitalstoffen, sondern essentiellen, also lebenswichtigen, Nährstoffen. Gemeint ist dasselbe: Stoffe, die unser Körper unbedingt braucht und über die Nahrung aufnehmen muß, um gesund und funktionsfähig zu bleiben. Dazu gehören **Vitamine, Mineralstoffe, Wasser** und sogenannte **essentielle Amino- und Fettsäuren.** Rund 50 solcher Nährstoffe haben Forscher bis heute gefunden. Hinzu kommen die **sekundären Pflanzenschutzstoffe:** Keine klassischen Nährstoffe im eigentlichen Sinne, aber hochwirksame Pflanzensubstanzen, die die Gesundheit fördern oder gar vor Erkrankungen schützen können. **Ballaststoffe** und bioaktive Substanzen aus **milchsauer vergorenen Lebensmitteln** machen das Vitalstoff-Paket komplett.

Fehlen dem Körper diese Stoffe ganz oder teilweise, ist auf Dauer kein gesundes Leben möglich. Viele Krankheiten ließen sich im Ansatz vermeiden, wenn unser Körper nur regelmäßig und in ausreichender Menge die Biostoffe bekäme, die er für seine Arbeit braucht.

Von einigen Substanzen wissen wir heute schon recht genau, warum sie unserem Körper gut tun. Über andere Stoffe zerbrechen sich viele Forscher heute noch den Kopf, um ihre Wirkungsweise zu ergründen.

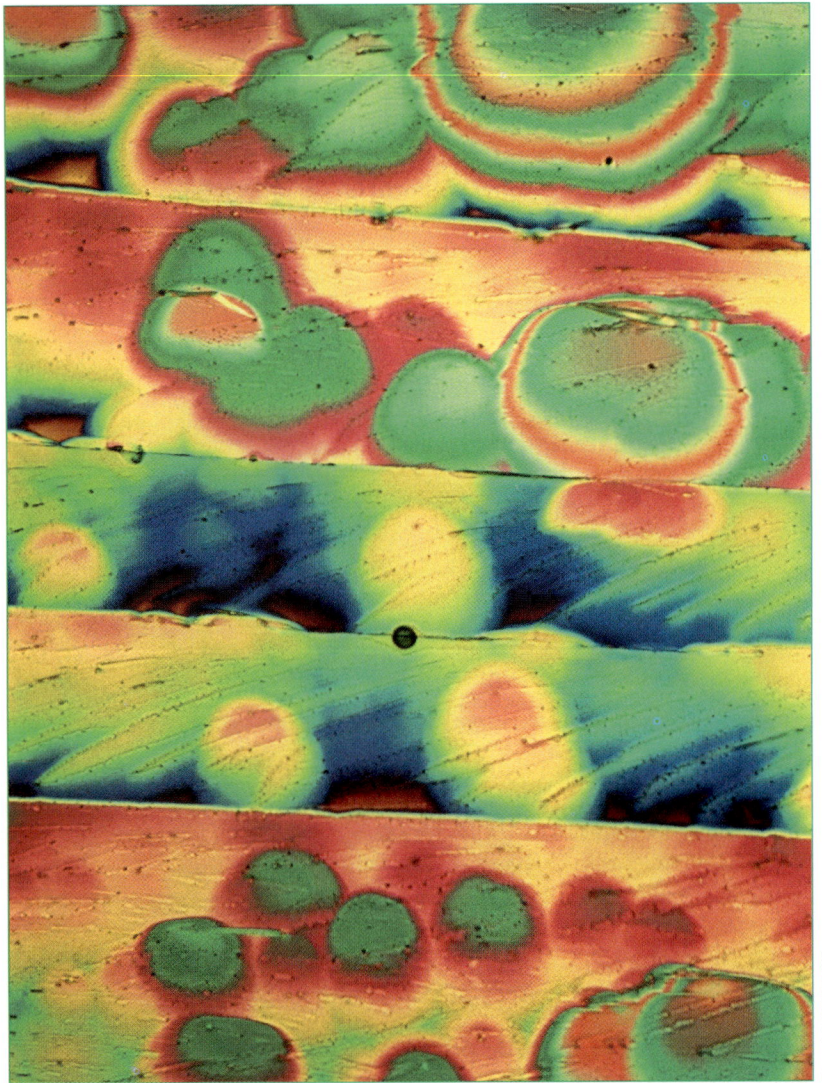

So bunt und so wichtig: Vitamin B$_6$ – einmal durchs Mikroskop betrachtet. Fehlt es, kommt es zum „Baustopp" im Körper, denn es regelt den Eiweißstoffwechsel.

Foto: MAURITIUS

Vitamine

Vitamine haben genaugenommen nur eines gemeinsam: ihren Namen. Chemisch gesehen sind sie höchst unterschiedlich, auch ihre Aufgaben im Körper sind sehr verschieden. Wissenschaftler unterscheiden deshalb nur grob in die fettlöslichen und die wasserlöslichen Verbindungen.

Spezial: Vitamine

Fettlösliche Vitamine:

Vitamin A (Retinol)

Vitamin D (Calciferol)

Vitamin E (Tocopherol)

Vitamin K (Phyllochinon)

Wasserlösliche Vitamine:

Vitamin B_1 (Thiamin)

Vitamin B_2 (Riboflavin)

Vitamin B_6 (Pyridoxin)

Vitamin B_{12} (Cobalamin)

Biotin

Folsäure

Niacin

Pantothensäure

Vitamin C (Ascorbinsäure)

Zu den wasserlöslichen Vitaminen gehören das bekannte Vitamin C und die Faktoren der B-Gruppe. Sie verschwinden durch den normalen Stoffwechsel wieder aus dem Körper und werden relativ schnell wieder ausgeschieden. Deshalb muß man sie in ausreichender Konzentration zu sich nehmen – Vitamin C täglich, die

B-Vitamine zumindest als guten Wochendurchschnitt. Einen Vorrat kann der Körper nicht anlegen, lediglich Vitamin-B$_{12}$-Depots. Vorteil der Wasserlöslichen: Ist das Angebot einmal größer als die Nachfrage, „entsorgt" der Körper diesen Überschuß relativ problemlos über die Nieren – von extremen Dosierungen einmal abgesehen.

Anders die fettlöslichen Vitamine: Sie wird der Körper nicht so einfach wieder los, sollte einmal ein Überangebot herrschen. Deshalb enthalten hochwertige Vitaminpräparate auch häufig nicht das eigentliche Vitamin, sondern eine chemische Vorstufe davon, aus der der Körper dann selbst das Vitamin herstellen kann. Ein Beispiel hierfür ist das Beta-Karotin, die Vorstufe des Vitamin A. Vorteil der fettlöslichen Vitamine: Von ihnen kann der Körper für eine gewisse Zeit Depots anlegen. Allerdings nur dann, wenn wir zusammen mit diesen Vitaminen auch Fett aufnehmen, ansonsten gehen sie ungenutzt verloren. Der Stich Butter am Möhrengemüse oder der Löffel Öl im Salat bringen also mehr als nur Geschmack: Sie öffnen den fettlöslichen Vitaminen erst die Tür.

Fehlen Vitamine, gerät der Stoffwechsel aus dem Lot.

Der Körper kann Vitamine nicht selber herstellen. Ganz anders beispielsweise als einige simple Bakterien, die zum Teil erstaunliche Mengen an B-Vitaminen produzieren können.

Vitamine spielen weder als Baumaterial noch als Energielieferanten für den Körper eine Rolle. Vielmehr schieben sie wichtige Stoffwechselfunktionen an, sind also der nötige Auslöser für lebenswichtige Vorgänge. Deshalb braucht der Körper auch nur winzige Vitaminmengen – fehlen sie, klappt dennoch nichts mehr.

Der Fehlerteufel...

... hat sich leider auch bei uns
eingeschlichen.

Auf Seite 21 geben wir die
Nährstoffmengen in Milligramm (mg)
an. Bei Vitamin B_6 und Folsäure
beziehen sich die Angaben jedoch auf
Mikrogramm (µg).

Wir bitten, den Fehler
zu entschuldigen.

Der Sauerstoff – Fluch und Segen

Würden je einmal tatsächlich Außerirdische auf der Erde landen, wären sie schon nach dem ersten Atemzug schleunigst wieder auf und davon. Zu aggressiv und zu giftig erschiene ihnen die Substanz, mit der wir begeistert unsere Lungen füllen: der Sauerstoff. Denn nur weil der menschliche Organismus ein Wunderwerk ist, vergessen wir allzu leicht, daß Sauerstoff eigentlich ein aggressives Element ist.

Was er vermag, wissen viele noch aus dem Chemieunterricht: Wenn Sauerstoff und Wasserstoff zusammenkamen, zogen Schüler und Lehrer wegen des heftigen Knalls die Köpfe ein.

Und auch im Alltag zeigen sich die Spuren, die der Sauerstoff hinterläßt: Rost ist nichts anderes als Eisen, das durch Sauerstoff chemisch verändert wurde, und ein angeschnittener Apfel wird durch ihn unappetitlich braun.

Auch brüchige Gartenschläuche und marode Plastikgartenmöbel sind traurige Zeugen für die Anwesenheit dieses reaktionsfreudigen Gesellen. Wir selbst merken von seiner schädlichen Wirkung wenig, weil unser Körper ein ausgeklügeltes System bereithält, das den Sauerstoff nicht nur un-

Ob die grünen Männchen vom Mars vielleicht schon längst die Lösung gefunden haben, den aggressiven Sauerstoff in Schach zu halten?

schädlich macht, sondern gleichzeitig die durch ihn freigesetzte Energie für sich nutzt.

Dabei enthält unsere Luft nicht einmal reinen Sauerstoff, aber auch in dieser Verdünnung wäre die Luft auf unserer Erde eigentlich für uns absolut tödlich.

Foto: Project Photos

Dies verhindert ein ausgefeiltes Schutz-System in unserem Körper, das den Sauerstoff auf dem Weg durch den Körper in Schach hält und die Kontrolle über ihn behält, so wie auch nur Kernkraft-Spezialisten mit der ungezügelten und gefährlichen Energie von Radioaktivität umgehen können und daraus letztlich Strom gewinnen.

Besonders brenzlig kann die Situation für diejenigen werden, die viel Sauerstoff umsetzen, wie etwa Sportler. Denn er sorgt nicht nur für Energie und Power, sondern ein Teil davon bildet besonders reaktionsfreudige Verbindungen. Die wiederum können den Körperzellen schaden. Daher benötigen gerade Sportler zu ihrem ohnehin erhöhten Energie-

„Sauerstoff tanken": Ein Spaziergang an der frischen Luft tut einfach gut. Aber Sauerstoff kann manchmal auch Schaden anrichten, nämlich dann, wenn er aggressive Reaktionen im Körper hervorruft, die die Zellen angreifen.

und Nährstoffbedarf eine besonders sichere Schutzstoffversorgung, um aggressive Sauerstoffreaktionen (sogenannte Oxidationsvorgänge) zu entschärfen. Wissenschaftler nennen diese Schutzstoffe Antioxidantien. Aber kein Spezialist ohne Fehler. Auf dem Weg von den Lungenbläschen bis hin in die Körperzelle, die den Sauerstoff zur Energiegewinnung nutzt, kann auch einiges schief gehen. Dies vor allem, wenn die Sauerstoff-Wächter ihre Aufgabe nicht richtig erfüllen. Sie versagen vor allem dann, wenn dem Körper wichtige Vitalstoffe fehlen.

Das beginnt in den roten Blutkörperchen, die den Sauerstoff aus den Lungen aufnehmen und ihn durch die Blutbahn schleusen.

Um aggressive Sauerstoffverbindungen – die freien Radikale – abzuwehren, brauchen wir Schutzstoffe.

In ihrem Inneren sitzt der Sauerstoff auf Nummer Sicher. Bräche er hingegen aus, wären sie selbst schon sein erstes Opfer. Deshalb nehmen sie vorsichtshalber gleich zwei Enzyme mit, die das Sauerstoff-Molekül bewachen: die „Katalase" und die „Glutathion-Peroxidase".

Der Körper kann beide Enzyme selbst herstellen, doch dazu braucht er Vitalstoffe. Ein zentrales Element der Glutathion-Peroxidase ist das Spurenelement Selen. Fehlt es, herrscht auch ein Mangel an diesem Enzym, und der Sauerstoff kann, wenn er freikommt, schlimmen Schaden anrichten.

Die roten Blutkörperchen schleusen den Sauerstoff bis in die Körperzelle. Dort übergeben sie ihn an das Co-Enzym Q_{10}, welches ihn dann bis in die eigentlichen Kraftwerke der Zelle schleust, in die Mitochondrien.

Sie erst können dem Sauerstoff seine Energie abluchsen, ohne dabei Schaden zu nehmen. Dazu sind aber auch wieder eine ganze Handvoll Enzyme nötig, die diese Reaktionen steuern und anschieben.

Auf dem Weg durch die Blutbahn begleiten den Sauerstoff immer bestimmte Enzyme als Wächter.

Zu guter Letzt bieten diese Spezialisten dem Sauerstoff einen seiner liebsten Reaktionspartner an: ein Wasserstoffatom. So wird aus dem aggressiven Energiebündel Sauerstoff das friedliche, träge Wasser.

Keine Chance für freie Radikale

Der Sauerstoff ist eigentlich schon gefährlich genug. Seine Einzelbestandteile aber sind wahre chemische Amokläufer. In der Regel besteht Sauerstoff aus zwei Sauerstoffatomen, die normalerweise fest aneinander gekettet sind.

Manchmal aber kommt ein Sauerstoffatom frei – und wird zum biochemischen Amokläufer, zum sogenannten „freien Radikal". Vor diesen aggressiven Zeitgenossen können uns Vitalstoffe schützen.

Ein einzelnes Sauerstoffatom hat eine so besondere chemische Struktur, daß es immer sofort versucht, mit irgendeiner Substanz in seiner näheren Umgebung zu reagieren und eine neue Verbindung einzugehen. Das kann beispielsweise eine intakte Zellwand sein, die nun durch das radikale Sauerstoffatom geschädigt wird. Richtig schlimm wird es, wenn ein solches Radikal bis in das Zellinnere an die Erbinformationsträger gelangt: Dann kann Krebs entstehen. Ein gesundes Gleichgewicht zwischen dem reaktionsfreudigen Sauerstoff und den Systemen, die ihm Paroli bieten , ist daher das A und O.

Viele Vitamine (und Spurenelemente) haben dank ihrer chemischen Struktur die Möglichkeit, einem solchen freien Radikal Unterschlupf zu geben – und es so unschädlich zu machen. In jeder Sekunde enstehen im Körper tausende von freien Radikalen – Umweltschadstoffe und Streß fördern ihre Bildung auch noch. Deshalb ist die Schutzwirkung von Vitaminen, Spurenelementen und vor allem sekundären pflanzlichen Vitalstoffen vor diesen riskanten Zeitgenossen gar nicht hoch genug einzuschätzen.

Freie Radikale sind amoklaufende Atome. Sie können den Körperzellen schweren Schaden zufügen. Vitamine und auch einige Spurenelemente fangen diese Zerstörer ab.

Vitamin C – das Immunvitamin

Der potenteste Radikalenfänger unter den Vitaminen ist das Vitamin C. Doch schon weit vor der Entdeckung dieser Wirkungsweise kannte man die fatalen Folgen, die ein Vitamin-C-Mangel anrichten kann: Bereits 1550 vor Christus berichten alte Schriften von kranken, matten, zahnlosen Seefahrern, die nach jahrelangen Schiffsfahrten wieder in den Heimathafen einliefen.

Ein kluger Wissenschaftler vermutete schon damals, daß diesen Männern eine Substanz fehlen müsse, die in der üblichen, einseitigen Schiffskost nicht enthalten war.

Er hatte recht – Vitamin C steckt vor allem in frischen Früchten und Gemüsen.

Erst sehr viel später haben Wissenschaftler darin die „Ascorbinsäure" entdeckt, wie die Substanz in der Fachsprache heißt. Eine ganz besondere Rolle spielt Vitamin C für unser Abwehrsystem, das ohne dieses Vitamin nicht funktionieren könnte. Studien haben gezeigt, daß das Immunsystem von Menschen, die gut mit Vitamin C versorgt sind, besser funktioniert.

Zitrusfrüchte sind eine wahre Vitamin-C-Bombe: Die alten Seefahrer packten sich daher immer reichlich Zitronen in ihr Proviant.

Vitamin C kann aber noch mehr. Wissenschaftler haben herausgefunden, daß es den Körper durch seinen sehr speziellen chemischen Aufbau vor schädlichen anderen Substanzen schützen kann. Ein Beispiel: In unserer Nahrung stecken durch die ständig steigende Umweltbelastung immer mehr sogenannte „Nitrate", die vor allem während der Lagerung oder bei der Zubereitung zu „Nitriten" umgebaut werden. Nitrite und noch eine weitere Stoffgruppe verbinden sich im Körper zu den hochkrebserregenden „Nitrosaminen". Vitamin C kann die Bildung dieser Stoffe blockieren und so Krebs vorbeugen.

Vitamin C ist außerdem ein Anti-Streß-Mittel. Streß ist einer der bekanntesten Risikofaktoren für so gefürchtete Krankheiten wie Bluthochdruck, Herzinfarkt oder Schlaganfall. Wenn der Körper unter Hochdruck steht, produziert er bestimmte Streßhormone, die den Vitamin-C-Spiegel im Blut sinken lassen. Wer genügend Vitamin C zu sich nimmt, gleicht dies schnell wieder aus. Außerdem haben Forschungen gezeigt, daß Vitamin C den Blutfettspiegel günstig beeinflußt und auch so dem gefürchteten Herzinfarkt ein Schnippchen schlagen hilft.

Vitamin C ist ein grandioser Gesundheitsschützer.

Vitamin C tut gut, es ist ein Segen, daß Wissenschaftler es heute im Labor nachbauen können. Aber: Die Natur hat nicht vorgesehen, daß wir nun das weiße Pulver allein löffelweise in uns hineinschütten. Vitamin C wirkt am besten über den Tag verteilt und Hand in Hand mit Vitamin E, aber auch sekundären Pflanzenstoffen wie beispielsweise den Bioflavonoiden.

Spezial: **Tages-Soll:**

75 mg/Tag*, beispielsweise enthalten in
50 g Johannisbeeren oder 150 g Orange

Gute Quellen: frisches Obst und Gemüse
(z. B. Zitrus- und Beerenfrüchte, Brokkoli, Paprika)

* DGE-Empfehlung

Vitamin E – das Zellschutzvitamin

Vitamin E ist der Kompagnon des Vitamin C. Vitamin E bewahrt den Körper vor vielen Umweltattacken, die ihn letztlich sogar vorzeitig altern lassen. Seine besondere Stärke: Als sogenanntes fettlösliches „Antioxidans" schützt es vor allem die mehrfach ungesättigten Fettsäuren in unseren Zellmembranen und damit letztlich die Zellen selbst. Wie das Vitamin C ist es ein schlagkräftiger Polizist gegen freie Radikale.

Denn wenn die Fette nicht unbeschadet in die Kraftwerke der Zellen gelangen, weil sie vorher von freien Radikalen attackiert wurden, kann der Körper sie nicht mehr richtig abbauen. Besonders empfindlich reagieren die mehrfach ungesättigten Fettsäuren.

Dritter im Bunde dieser Spezialtruppe ist das Vitamin A, besser noch das Pro-Vitamin, das Beta-Karotin.

Spezial: **Tages-Soll:**

12 mg/Tag*, beispielsweise enthalten in
1 EL Weizenkeimöl

Gute Quellen: Pflanzenöle, speziell Keimöl

* DGE-Empfehlung

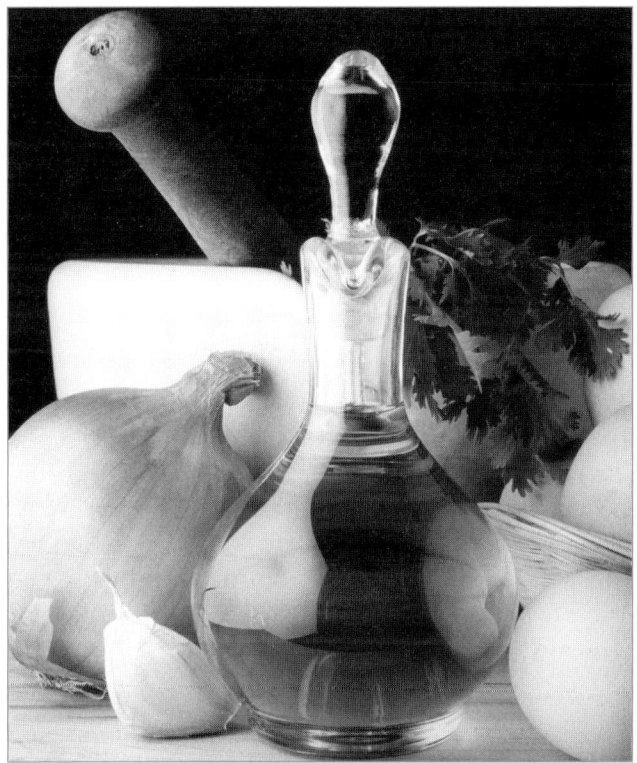

Ein Schuß Öl am Salat, am besten Keimöl, sorgt für Vitamin E. Die klassische Saucen-Mischung: 1/3 Essig oder Zitronensaft und 2/3 Keimöl. Dazu Gewürze und frische Kräuter nach Geschmack – fertig ist ein köstlich-gesundes Dressing.

Das Augenvitamin A

Das Vitamin A kann zweierlei: schützen und schädigen. Es hält unsere Augen und Haut gesund, wirkt bei der Produktion wichtiger Hormone mit, fängt freie Radikale und hilft so bei der Krankheitsvorbeugung. Vorsicht aber bei hochdosierten Vitamin-A-Präparaten! Denn andererseits sammelt sich ein Überschuß von diesem fettlöslichen Vitamin im Körper an, weil der Körper es nicht rasch genug abbauen kann. Auch davon kann man ernsthaft krank werden. Besonders empfindlich reagieren Ungeborene darauf. Daher der Rat für Mütter in spe: Lieber keine Leber essen, vor allem nicht in den ersten Schwangerschaftswochen. Denn die ist eine wahre Vitamin-A-Bombe; eine Portion Schweineleber bringt knapp siebenmal mehr als von der Deutschen Gesellschaft für Ernährung empfohlen.

Das Beta-Karotin aus Karottensaft und Möhrenbrei bringt Farbe in Babys Gesicht – und auf Mamas Kleider ...

Will man sich dennoch etwas Gutes tun, sorgt man für eine ausreichende Versorgung nicht mit dem zweischneidigen Vitamin A, sondern mit dessen chemischer Vorstufe, dem Beta-Karotin. Aus dieser Substanz kann der Körper dann alleine soviel Vitamin A herstellen, wie er braucht – den Rest kann er ohne Gefahr in der Haut speichern. So kommen Babys über Karottenbrei und Möhrensaft übrigens zu ihrer gesunden Gesichtsfarbe! Neben Möhren ebenfalls gute Beta-Karotin-Quellen: Petersilie und Spinat.

Bei den Vitaminen A, C und E zeigt sich einmal mehr der geniale Bauplan der Schöpfung: Nur zusammen entfalten sie optimale Wirkung. Damit aber Vitamin A und E wirklich zum Zuge kommen, braucht der Körper Fett. Am besten verwertet der Körper Beta-Karotin aus zubereiteten Möhren, je nach Geschmack als gedünstetes Gemüse, Püree oder Saft, aber möglichst mit einer Spur Fett serviert.

Ernährungswissenschaftler raten vor allem zu Ölen mit einfach oder mehrfach ungesättigten Fettsäuren, denn auch diese wiederum haben ihren Platz im Orchester einer optimalen Ernährung.

Beta-Karotin schützt vor freien Radikalen, also auch vor gefürchteten Krankheiten wie Krebs und Herz-Kreislauf-Erkrankungen. Einen noch besseren Schutz bietet eine Untergruppierung dieser Karotinoide, das sogenannte „Lykopin".

Anders als Beta-Karotin wirkt Lykopin nicht als Vitamin-A-Vorstufe – und ist damit als Antioxidanz noch potenter. Lykopin steckt vor allem in Tomaten und sorgt für ihre knallrote Farbe.

Kein Wunder, daß Forscher die Tomate bzw. das darin enthaltene Lykopin einmal genauer unter die Lupe nahmen. Erste Ergebnisse liegen vor, und die können sich sehen lassen. Eine mehrjährige Studie der ameri-

Antioxidative Aktivität*

2,9

1,9

Beta-Karotin   Lykopin

* Quelle: Stahl, W. u. H. Sies: Arch. Biochem. Biophys., 366, 1996

kanischen Harvard-University ergab: Von den knapp 48.000 untersuchten Männern erkrankten 812 an Prostatakrebs – sie alle hatten im Vergleich zu den Gesunden deutlich weniger Lykopin aufgenommen. Doch nicht nur das Krebsrisiko sinkt: Der rote Tomatenfarbstoff reduzierte in verschiedenen Studien auch beeindruckend das Herzinfarkt-Risiko.

Ein eher ungewöhnliches Phänomen bei Vitaminen: Die Lykopin-Aufnahme klappt am besten aus erhitzten und zerkleinerten Tomaten – Spaghettisauce, Saft, Tomatenmark und Suppe schlagen den Rohkostsalat um Längen!

Spezial: Tages-Soll:

Vit. A: 0,9 mg/Tag + Beta-Karotin: 2 mg/Tag*, beispielsweise enthalten in gut 300 ml Möhrensaft

Gute Quellen: Möhren, Spinat, Petersilie, Tomaten, Brokkoli

* DGE-Empfehlung

Fit im Kopf mit B-Vitaminen

Gleich eine ganze Reihe von Vitaminen pflegen eines der wichtigsten Systeme im ganzen Körper: die Nerven.

Lebensmittel-Fachleute haben diesen B-Vitaminen zwar die unterschiedlichsten, zungenbrecherischen Namen gegeben, sie haben jedoch eins gemeinsam: Hauptsächlich wirken sie beim Energie- und Baustoffwechsel der Zellen mit.

Spezial: **Tages-Soll:**

B_1-Tages-Soll: 1,1–1,3 mg/Tag* (Frauen/Männer), beispielsweise enthalten in 150 g Schweineschnitzel oder gut 250 g gekochten Vollkornnudeln

Gute Quellen: Fleisch, Hefe, Hülsenfrüchte, Artischocken, Vollkornprodukte

B_2-Tages-Soll: 1,5–1,7 mg/Tag* (Frauen/Männer), beispielsweise enthalten in 1 l Buttermilch

Gute Quellen: Milchprodukte, Pilze, Fisch, Fleisch

B_6-Tages-Soll: 1,6–1,8 mg/Tag* (Frauen/Männer), beispielsweise enthalten in 175 g Lachs oder 800 g Sauerkraut

Gute Quellen: Fisch, Fleisch, Gemüse

B_{12}-Tages-Soll: 3 µg/Tag*, beispielsweise enthalten in 100 g Camembert oder 150 g Seelachs

Gute Quellen: Milchprodukte, Fleisch, Fisch

Pantothensäure-Tages-Soll: 6 mg/Tag*, beispielsweise enthalten in 100 g Hering oder 500 g Wassermelone

Gute Quellen: Fisch, Brokkoli, Innereien

Niacin-Tages-Soll: 15–20 mg/Tag* (Frauen/Männer), beispielsweise enthalten in 150 g Hähnchenbrust oder 200 g Pfifferlingen

Gute Quellen: Fleisch, Pilze, Hefe

Folsäure-Tages-Soll: 300 µg/Tag*, beispielsweise enthalten in 200 g Rote Beete oder 200 g Weißkohl

Gute Quellen: Gemüse , Obst, Weizenkeime, Sojabohnen

Biotin-Tages-Soll: 30–100 µg/Tag*, beispielsweise enthalten in 100 g Kalbsleber

Gute Quellen: Innereien, Milchprodukte

* DGE-Empfehlung

Die B-Vitamine sind unerläßliche Helfer beim Energie- und Baustoffwechsel.

Deshalb spricht man der Einfachheit halber gerne von der „Vitamin-B-Gruppe". Die B-Vitamine wie B_1, B_2, B_6, B_{12}, Biotin, Niacin und Pantothensäure braucht der Körper allesamt, um das Nervensystem funktionsfähig zu halten. Ganz besonders wichtig sind diese Vitamine deshalb auch für eine gute Hirnleistung.

Eine zweite zentrale Rolle spielt die B-Gruppe beim Aufbau der Hautzellen. Fehlen diese Vitamine, zeigt sich dies häufig zuerst im Gesicht: Unreine oder rauhe Haut machen dann den Betroffenen zu schaffen.

Ein Vitamin-B-Mangel kann sich nicht nur bei Fast-Food-Fans einstellen. Auch wer sich sehr bewußt ernährt, könnte einen zu niedrigen Vitamin-B-Spiegel im Blut haben.

Den Grund haben neue Studien zutage gefördert: Wer eine gestörte Darmflora hat, in der sich beispielsweise krankmachende Pilze eingenistet haben, der kann diese wichtigen Vitamine nicht mehr in genügender Menge aus der Nahrung aufnehmen, und sie gehen dem Körper verloren.

Niacin – das Hautvitamin

Niacin ist wie auch das Vitamin A unerläßlich dafür, daß sich unsere Haut gut regenerieren kann. Fehlt es, fängt die Haut an zu jucken und zu brennen. Die Betroffenen leiden dann auch unter Appetitlosigkeit, Durchfällen und Unkonzentriertheit.

Ganz besonders wichtig ist dieses B-Vitamin für die Produktion vieler Enzyme und damit wiederum für unseren Energiehaushalt. Zwar stellten Ernährungsexperten fest, daß die meisten Menschen keinen Niacin-Mangel haben. Bei bestimmten Stoffwechselstörungen kann es jedoch knapp werden, auch Alkoholiker geraten schnell ins Niacin-Minus.

Hochdosiert senkt Nicotinsäure, eine Form des Niacins, einen zu hohen Cholesterinspiegel. Es beugt damit auch der gefürchteten Gefäßverkalkung – der „Arteriosklerose" – vor.

Fehlt vielen: die blutbildende Folsäure

Mit Wasser und Seife allein ist es nicht getan. Denn Schönheit kommt auch von innen. Ein Vitamin-B-Mangel steht den wenigsten gut zu Gesicht: Die Haut wird unrein und rauh.

Experten sind sich einig: Folsäure gehört zu den kritischsten Vitaminen überhaupt. Wir essen einfach zuwenig Obst und Gemüse, die beste Folsäurequelle überhaupt. Als wahres Sensibelchen reagiert sie zudem hochempfindlich. Sie mag weder Hitze noch Sauerstoff, auch keine langen Lagerzeiten. Bis zu 80% können in der Küche verlorengehen! Dies allein macht eine optimale Versorgung nicht gerade einfach. Verluste gibt es jedoch auch bei den Lebensmitteln selbst: Der einst so gute Lieferant macht streckenweise schlapp: Verschiedene Obst- und Gemüsesorten enthalten heutzutage deutlich weniger Folsäure als noch vor rund zehn Jahren (vgl. Tabelle S. 21).

Auf die jedoch kann unser Körper keinesfalls verzichten. Er benötigt das Vitamin für die Zellteilung und -vermehrung, also vor allem für die Blutbildung und ein schlagkräftiges Immunsystem.

Immer wieder warnen Ernährungswissenschaftler vor den Folgen, die ein Folsäure-Mangel schon sehr schnell hat: Das Immunsystem leidet, weil der Körper nicht mehr genügend Abwehrzellen bilden kann.

Mediziner sprechen von einer regelrechten „Folsäure-Mangelanämie", einer Blutarmut durch zu wenig Folsäure.

Wer sich einseitig ernährt, riskiert einen B-Vitamin-Mangel. Mögliche Folge: Konzentrationsschwächen und sogar Depressionen.

Gerade weil es um unsere Folsäureversorgung nicht gerade rosig bestellt ist, raten immer mehr Mediziner vielen Menschen zu entsprechenden Nahrungsergänzungen.

Für Schwangere gehört zusätzliche Folsäure heute mittlerweile zum Standard, schützt sie das Ungeborene doch gerade in den ersten Monaten vor schweren Mißbildungen (Neuralrohrdefekt) oder vor Fehlgeburten.

Aber auch Senioren, junge Mädchen und alle chronisch Kranken sollten sehr darauf achten, genug Folsäure zu sich zu nehmen.

Macht schön: das Biotin

Anfang dieses Jahrhunderts entdeckte ein Forscher eine Substanz, die unter anderem Hefen zum guten Gedeihen und Wachsen brauchen. Er nannte sie deshab zunächst schlicht „Bios", also „Leben".

Diese Substanz entpuppte sich später als das „Biotin", ein Vitamin, das in vielen Lebensmitteln steckt. Als Vitamin H (wie Hautvitamin) hat sich Biotin gar einen Zweitnamen eingehandelt, hilft es doch so manchem bei schuppiger oder fahler Haut oder wenn Haare und Fingernägel schlecht wachsen.

Die Herz-"Vitamine" L-Carnitin und Co-Enzym Q_{10}

Doch nicht nur um die klassischen Vitamine kümmern sich die Wissenschaftler. Neben den sekundären Pflanzenschutzstoffen stehen zwei weitere vitaminähnliche Substanzen im Blickpunkt ihrer Forschungen: das Co-Enzym Q_{10}, auch Ubichinon genannt, und das früher auch als Vitamin B_T bezeichnete L-Carnitin.

Wer viel Energie verbraucht wie etwa Sportler, der benötigt auch Carnitin für die Fettverbrennung.

Japanische Forscher haben vor einigen Jahren diese beiden Substanzen genauer untersucht und entdeckt, daß sie zusammen dafür sorgen, daß jede einzelne Zelle zu einer wahren Kraftfabrik werden kann. Ganz besonders wichtig sind sie für eine optimale Herzleistung, fanden Wissenschaftler heraus.

L-Carnitin

All' unsere Körperkraft entsteht in den einzelnen Körperzellen. Genauer gesagt hat jede einzelne Zelle ihr eigenes Kraftwerk, in dem sie die Substanzen verbrennt, die ihr die lebensnotwendige Energie liefern. Der ergiebigste Energieträger, den es gibt, ist das Fett.

Diese einzigartigen Kraftwerke nennen die Mediziner „Mitochondrien". Sie können allerdings nur dann richtig arbeiten – und der Körperzelle Energie zur Verfügung stellen –, wenn das Fett auch richtig zu ihnen gelangt. Denn die Zellwände lassen das Fett nicht zu den Mitochondrien im Inneren durch. Für den Transport durch diese Sperre sorgt das L-Carnitin.

Weil es bei der Energiegewinnung der Zelle eine so wichtige Rolle spielt, kommt L-Carnitin ganz besonders reichlich dort vor, wo der Körper viel Energie braucht: in den Muskelzellen. Am dringendsten benötigt es unser wichtigster Muskel, der Tag und Nacht unermüdlich im Einsatz ist, der Herzmuskel.

Ein heißer Tip: Stutenmilch enthält besonders viel L-Carnitin.

Studien haben gezeigt, daß L-Carnitin für die Herzleistung enorm wichtig ist; es sorgt für eine effektive Energiegewinnung am Herzen. Das tut jedem Herzen gut.

Besonders können davon aber Menschen profitieren, deren Herz bereits geschädigt ist, wie beispielsweise durch Gefäßverengungen oder nach einem Herzinfarkt. Aber L-Carnitin kann auch dazu beitragen, daß es gar nicht so weit kommt. Weil es hilft, Fette zu verbrennen, vermag es auch den Blutfettspiegel zu senken und reduziert so einen wichtigen Risikofaktor für Herz-Kreislauf-Erkrankungen. Die größte Bedeutung haben L-Carnitin-Gaben bei Störungen der körpereigenen Carnitin-Herstellung und bei einem gestörten Fettstoffwechsel.

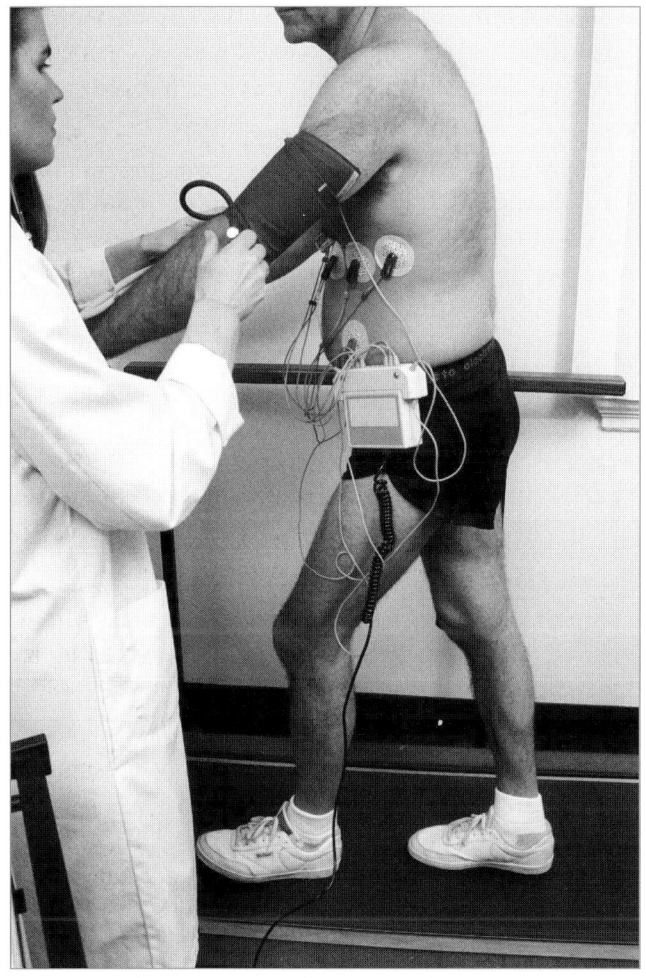

L-Carnitin ist enorm wichtig für die Herzleistung. Es sorgt nicht nur für eine effektive Energiegewinnung an unserem fleißigsten Organ, sondern leistet auch einen Beitrag zum Herz-Kreislauf-Schutz. Denn Carnitin hilft bei der Fettverbrennung und kann so indirekt auch erhöhte Blutfettwerte senken – eines der größten Risiken für Herz und Gefäße.

Zumindest für die Jüngsten, die Carnitin noch nicht ausreichend selbst bilden können, hat die Natur hier vorgesorgt: Weil Kinder im Wachstum viel Energie und deshalb soviel L-Carnitin brauchen, steckt viel davon in der Muttermilch. Der Muttermilch sehr ähnlich ist Stutenmilch, auch sie enthält viel L-Carnitin.

Dies könnte ein Erklärungsansatz dafür sein, daß Herz-Kreislauf-Erkrankungen bei Völkern quasi unbekannt sind, die sich traditionell auch von Stutenmilch ernähren. Dazu zählen beispielsweise einige Volksstämme aus Kasachstan. Die Kasachen sind bekannt dafür, sehr alt zu werden; unsere typischen Zivilisationskrankheiten sind für sie kein Thema.

Ohne Ubichinon – auch Co-Enzym Q_{10} genannt – gäbe es kein Leben auf unserer Erde.

Fleisch, vor allem Lammfleisch, liefert die höchsten Carnitinmengen.

Co-Enzym Q_{10}

L-Carnitin ist sozusagen der Transporteur der Energiesubstanzen in die Zellkraftwerke. Ihm arbeitet das Co-Enzym Q_{10} zu: Diese Substanz sorgt dafür, daß die Fettverbrennung auch gut und optimal abläuft. Ganz besonders benötigt wiederum der Herzmuskel das Q_{10}, das Wissenschaftler auch als „Ubichinon" bezeichnen. Der Name „Ubichinon" drückt aus, daß diese Substanz quasi überall vorkommt – dies ist nur folgerichtig, denn Ubichinon ist so wichtig, daß es ohne diese Substanz kein Leben auf der Erde gäbe.

In den letzten Jahren ist viel zu Q_{10} geforscht worden. Es hat sich gezeigt, daß gesunde Menschen zwar wirklich genügend Q_{10} in ihren Zellen haben. Mit steigendem Lebensalter aber oder bei Herzkrankheiten nimmt die Konzentration dieser Substanz deutlich ab. Vor allem in den USA kommt Co-Enzym Q_{10} bei der Behandlung von Herz-Kreislauf-Erkrankungen zum Einsatz, da es sich günstig auf die Sauerstoffaufnahme auswirkt.

Aber auch für Menschen, die körperlich viel leisten müssen oder wollen, Leistungssportler beispielsweise, spielt das an der Energieproduktion beteiligte und im Stoffwechsel gebildete Co-Enzym Q_{10} eine wichtige Rolle.

Gute Q_{10}-Quellen sind grüne Gemüse wie Spinat, aber auch Nüsse, Öl und Sardinen.

Einfach mal die Seele baumeln lassen – nicht jeder schafft das. Mineralstoffe wie Magnesium oder Kalium können helfen, denn sie bringen Ruhe in den hochgepowerten Kreislauf.

Mineralstoffe und Spurenelemente

Adam soll aus Ton erschaffen worden sein – möglich angesichts der Tatsache, daß wir zu einem guten Teil tatsächlich aus Mineralien bestehen. Kalzium – oder weniger vornehm: Kalk –, Phosphor, Natrium oder Magnesium sind Substanzen, an die sich viele noch aus dem Chemieunterricht erinnern mögen.

So besteht ein guter Teil unserer Knochen und Zähne aus den Mineralstoffen Kalzium und Magnesium. Fehlt Kalzium, werden die Knochen spröde, die gefürchtete „Osteoporose" beginnt.

Mineralstoffe stärken allerdings nicht nur das Skelett. Magnesium beispielsweise sorgt auch dafür, daß unsere Nerven richtig funktionieren – ohne Magnesium würde ein Reiz auf einer Nervenbahn nicht weitergeleitet werden. Eben weil Mineralstoffe an so vielen Vorgängen im Körper beteiligt sind, braucht der Organismus relativ große Mengen von ihnen – und das täglich.

Mineralstoffe sind Grundsubstanzen unseres Körpers – kein Wunder, daß Adam aus Ton erschaffen sein soll.

Im Unterschied dazu sind von einigen mineralischen Substanzen nur Minimengen nötig – deshalb spricht man von ihnen als „Spurenelemente". Die wichtigsten Spurenelemente sind Eisen, Jod, Fluor, Zink, Kupfer, Mangan, Chrom und Selen. Sie braucht der Körper nicht unbedingt zum Aufbau von stabilen

Strukturen wie den Knochen, sondern sie spielen vor allem eine wichtige Rolle bei der Aktivierung von Enzymen, für den Sauerstofftransport im Blut aber auch für eine gesunde Schilddrüsenfunktion und starke Abwehrkräfte. Auch als sogenannte Radikalenfänger haben sich einige Spurenelemente wie beispielsweise Selen einen guten Namen gemacht.

Die Enzymlüge – oder: Wer trägt schon Eulen nach Athen?

Es ist noch gar nicht lange her, daß die Forschung erkannt hat, an wie vielen wichtigen Schaltstellen unseres Körpers Enzyme für die richtige Körperfunktion verantwortlich sind. Enzyme sind wahre Wunderwerke: Die winzigen Kraftprotze bestehen aus Eiweißen und schieben alle möglichen chemischen Reaktionen im Körper an, ohne sich selbst dabei zu verbrauchen.

Enzyme sind winzige Kraftprotze, die tausend chemische Reaktionen anschieben, ohne sich selbst dabei zu verbrauchen.

Wie mächtig sie sind, kann jeder feststellen: Kaut man nur wenige Minuten auf einem trockenen Stück Brot, beginnt es plötzlich, süß zu schmecken.

Der Grund: Enzyme im Speichel haben in dieser Zeit ganze Arbeit geleistet und die chemisch gesehen langkettigen Kohlenhydrate aus dem Brot in kurze Ketten aufgespalten. Die schmecken süß, am Ende eben sogar zuckersüß.

Ohne Enzyme könnte kein Organismus überleben. Wir brauchen so viele davon, daß der Mensch im Laufe der Evolution gelernt hat, sie selbst herzustellen.

Eben weil wir unseren Enzym-Bedarf selbst decken können, bringt es nichts, Enzyme als Tablette zu schlucken – wer trägt schon gerne Eulen nach Athen?

Daß als angebliche Schlankmacher gepriesene Enzym-Produkte in der Regel nur dem Geldbeutel des Herstellers nutzen, belegt allein die enorme Vielfalt unter diesen chemischen Wunderwerken: Jedes Enzym hat ganz spezielle Aufgaben, für die es auch chemisch ausgerüstet ist. So kann beispielsweise ein eiweißspaltendes Enzym mit Fett überhaupt nichts anfangen – und umgekehrt. Auch verbrennen oder „neutralisieren" Enzym-Präparate nicht einfach überschüssiges Fett – weder aus der Nahrung noch aus dem Körper!

Wir sind auf einen ständigen Nachschub von Co-Enzymen angewiesen. Sie helfen den Enzymen bei ihrer Arbeit.

Viel mehr Sinn macht es hingegen, dem Körper dabei zu helfen, die nötigen Enzyme selbst herzustellen. Dazu braucht er Eiweißbausteine (sogenannte Aminosäuren), Vitamine, Mineralstoffe und Spurenelemente. Fehlen ihm diese wichtigen Vitalstoffe, mangelt es uns auch an Enzymen. Außerdem helfen bestimmte Vitalstoffe – vor allem B-Vitamine – den Enzymen bei ihrer Arbeit. Deshalb nennen Wissenschaftler sie auch „Co-Enzyme".

Mineralstoffpräparate – ohne Partner läuft nichts

Je klarer die vielen positiven Eigenschaften von Mineralstoffen und Spurenelementen wurden, desto mehr Wissenschaftler forderten, diese Substanzen zusätzlich zur Nahrung, beispielsweise in Tablettenform, einzunehmen. Die „Supplementation", wie die Fachleute diese Nahrungsergänzung nennen, ist allerdings nicht immer von Erfolg gekrönt. Sehr rasch mußten Ernährungsexperten einsehen, daß der Körper eben kein Faß ist, in das man Substanzen einfach hineingießen kann, in der Hoffnung, er werde sie schon verwerten.

Der Organismus ist nicht darauf vorbereitet, Substanzen wie beispielsweise Kalzium in Reinform aufzunehmen und zu verarbeiten. Er hat dafür keine Kanäle im Darm, durch die diese Stoffe hindurchwandern könnten. Dazu braucht er andere Stoffe, die diese eigentlich benötigten Substanzen „huckepack" nehmen und durch die Darmwand bis zum Bestimmungsort schleusen.

Nur wenige haben bislang daraus die einzig logische Konsequenz gezogen: Die besten Nahrungsergän-

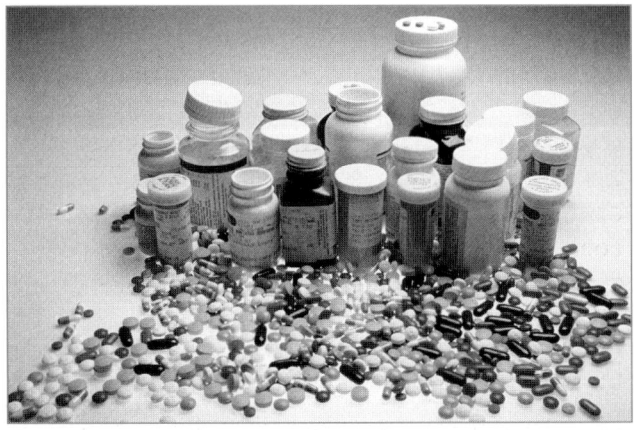

Nicht jede Vitamin- und Mineralstoffpille hält, was sie verspricht.

zungsmittel bieten dem Körper die Mineralstoffe und Spurenelemente in der Form an, wie er sie kennt: als Bestandteile von Lebensmitteln.

Deshalb bedienen sich fortschrittliche Produktentwickler eines Tricks. Sie füttern gutartige Hefen auf Vitalstoffböden, die sehr viel von dem gewünschten Mineralstoff enthalten. Die Hefen nehmen diese Substanz – wie beispielsweise Selen oder Zink – auf und bauen sie in ihre Zellen ein. Die Hefen werden dann zu Vitalstoffpräparaten weiterverarbeitet. So, wie die Mineralstoffe in der Hefe vorkommen, kann sie der menschliche Organismus prima verwerten – Vitalstoffe aus anderen Lebewesen herauszulösen, hat er über Jahrtausende gelernt. Ebenfalls ein prima Partner: organische Substanzen wie beispielsweise Milchsäure oder Aminosäuren.

Mit Zink fühlt man sich wohl in der Haut

Kaum auf der Welt, lernen die meisten Erdenbürger bereits die segensreiche Wirkung von Zink kennen: Nichts hilft gegen wunde Babypopos besser als Zinkpaste. Geschädigte Hautzellen brauchen Zink, um sich richtig regenerieren zu können. Vielen Menschen, die eine schlechte oder zu Entzündungen neigende Haut haben, fehlt Zink im Blut.

Zink bremst Entzündungen. Deshalb macht es auch gerötete Haut wieder geschmeidig.

Ganz extrem zeigt sich dieser Mangel bei Krankheiten wie Neurodermitis oder der Schuppenflechte. Nehmen die davon Betroffenen ausreichende Mengen

Zink zu sich, die der Körper auch gut verwerten kann, lassen häufig die schmerzhaften Hautentzündungen nach.

Den Grund dafür hat erst kürzlich ein holländischer Forscher herausgefunden: Zink bindet eine Substanz in körpereigenen Abwehrzellen, die Entzündungsreaktionen hervorruft. Diesen Entzündungsstoff, das „Histamin", braucht der Körper, um sich schnell und effektiv unter anderem gegen Eindringlinge schützen zu können.

Tritt irgendwo beispielsweise an der Hautoberfläche ein Reiz auf, setzt ein bestimmter Mitspieler im Immunsystem dieses Histamin frei. Histamin dient dann quasi als Wachhund für weitere Abwehrkörper. Es lockt diese dann schnell und zielsicher an den Ort, wo sie akut benötigt werden. Die Folge ist rasch sichtbar: Wo Histamin ist, wird die Haut rot, warm und schmerzt.

Schon die alten Ägypter und Chinesen schworen auf Zink zur Behandlung von Hauterkrankungen.

Ist keine Abwehrreaktion nötig, ruht das Histamin normalerweise fest gebunden in bestimmten Immunzellen und kann so auch nicht das Abwehrsystem in Alarmbereitschaft versetzen. Damit dieser Wachhund dort auch wirklich fest an der Leine liegt, braucht der Körper Zink. Fehlt dieses Element, wird Histamin freigesetzt, auch wenn es eigentlich gar nicht benötigt wird und ruft eine Entzündung hervor, ohne daß es einen Grund dafür gäbe.

Deshalb ist auch eine häufig gerötete, entzündete Haut eines der Hauptsymptome für einen Zinkmangel. Gibt man ihr dagegen die benötigte Substanz, legt sich die Hautrötung wieder.

Foto: ABDA

Ständig erkältet? Vielleicht ist ein Zinkmangel schuld, denn unser Immunsystem kommt ohne das Spurenelement nicht aus.

Die segensreiche Wirkung des Zinks kennt man jedoch schon weit länger als die Penaten-Creme: Bereits die alten Ägypter und Chinesen setzten Zink zur Behandlung von Hautkrankheiten ein. Aber auch bei anderen Beschwerden verwendeten sie das Element: Alte Überlieferungen sprechen von „Gemütskrankheiten" als Anwendungsgebiet.

Forscher haben nun herausgefunden, warum die Altvorderen mit dieser Therapie zum Teil gute Erfolge feiern konnten. Zink ist an fast 200 Stoffwechselvorgängen im Körper beteiligt. Einer der wichtigsten ist die körpereigene Herstellung des Hormons „Serotonin", das nicht nur den Blutkreislauf, sondern auch unsere Stimmung maßgeblich steuert. In diesem Zusammenhang sehen viele Forscher auch die Tatsache, daß ein Zinkmangel teilweise schwere Depressionen auslösen kann.

Auch das Immunsystem kommt nicht ohne Zink aus. Studien haben gezeigt, daß viele Mitspieler im komplexen Konzert der Abwehrzellen ohne Zink nicht oder nur sehr langsam reagieren. Wer unter einem Zinkmangel leidet, wird deshalb häufig krank und plagt sich viel öfter mit Schnupfen und Grippe als andere.

Die Bedeutung des Zinks für den Menschen ist in den letzten Jahren immer besser erforscht worden. Ironie des Schicksals, daß parallel mit dem immer besseren Wissen der Zinkgehalt unserer Nahrungsmittel sinkt: Experten warnen schon lange davor, daß der saure Regen dieses Element aus dem Boden wäscht und so für den Menschen unerreichbar macht.

Spezial: **Tages-Soll:**

12–15 mg/Tag*, beispielsweise enthalten in 250 g Linsen oder 400 g Camembert

Gute Quellen: Fleisch, Getreide, Seefisch, Milchprodukte

* DGE-Empfehlung

Kupfer: Bruder und Gegenspieler des Zinks

Kupfer ist wie auch das Zink ein wesentlicher Bestandteil etlicher Enzyme unseres Körpers und deshalb für viele lebenswichtige Vorgänge unentbehrlich.

So fördert Kupfer die Bildung von Antikörpern im Immunsystem. Auch die mächtigen Killerzellen des menschlichen Abwehrsystems brauchen Kupfer. Fehlt ihnen dieses Element, können sie den Körper nicht mehr gegen schädliche Eindringlinge verteidigen.

Als Bestandteil eines Kupfer-Eiweiß-Komplexes mit dem unaussprechlichen Namen Caerulo-plasmin schiebt das Spurenelement einen chemischen Prozeß an, der die Eisenspeicher im Körper knackt. Fehlt Kupfer, kommen wir an unsere Eisenvorräte nicht heran. Die wiederum braucht der Organismus jedoch dringend zum Aufbau bestimmter Blutbestandteile, dem Hämoglobin. Naheliegende Folge eines Kupferdefizits: die sogenannte Kupfer-mangelanämie, eine besondere Form der Blutarmut.

Kupfer und Zink sind Partner und Gegner zugleich: Halten sie sich die Waage, fördern sie gegenseitig ihre Wirkung. Nimmt man von einem zuviel zu sich, schadet es dem anderen.

Die Vorzüge des Kupfers lernen auch immer mehr Mediziner kennen, die sich mit der Therapie durch bestimmte Substanzen beschäftigen. Doch am Beispiel des Kupfers zeigt sich auch, wie ausgeklügelt ein sinnvolles Nahrungsergänzungskonzept sein muß.

Denn nimmt man zuviel Zink zu sich, weil man meint, sich damit etwas Gutes zu tun, senkt man den Kupferstatus im Blut – und umgekehrt. Es ist also wichtig, auf eine sehr ausgewogene Konzentration beider Substanzen zu achten, wenn sie optimal wirken sollen.

Spezial: Tages-Soll:

1,5–3,0 mg/Tag*, beispielsweise enthalten in 1 kg Brokkoli oder 1 kg Kabeljau

Gute Quellen: Grüne Gemüse, Nüsse, Fisch

* DGE-Empfehlung

Ruhig Blut mit Magnesium

Unsere Nahrung leidet auch unter einem ständigen Magnesium-Schwund, betont Ernährungsspezialist Professor Liesen. Er warnt davor, daß sich das Magnesium-Mangelsyndrom eben wegen einer immer magnesium-ärmeren Nahrung stetig weiter ausbreitet.

Magnesiummangel macht sich sehr rasch und sehr deutlich durch ein Symptom bemerkbar, das viele zunächst einfach auf Arbeitsüberlastung schieben: durch Streß. Die Betroffenen reagieren schnell gereizt, sind unruhig, haben Herzjagen und manchmal sogar Herzkrämpfe, ihnen ist schwindelig, manche plagen Darmstörungen.

Kopfschmerzen, Herzjagen, Magenkrämpfe: Dahinter kann ein Magnesiummangel stecken. Ergänzt man die Substanz, gönnt man den nervösen Organen einen Sonderurlaub.

Hinzu kommen nicht selten Übelkeit, Magenkrämpfe, nächtliche Wadenkrämpfe und sogar Nacken- und Kopfschmerzen, die so stark sein können, daß sie sogar als Wirbelsäulenschäden interpretiert werden.

Wie wichtig Magnesium für den Menschen ist, zeigt sich an seinem Triumphmarsch in die Medikamentenschränke vieler Mediziner. Auch als Medikament ist es heute bei vielen Krankheiten unverzichtbarer Therapiebestandteil. So erhält ein Herzinfarkt-Patient heute unter anderem auch sofort hochdosiertes, krampflösendes Magnesium.

Studien haben gezeigt, daß diese Patienten eine wesentlich bessere Überlebenschance haben. Sehr rasch setzt sich deshalb auch die Erkenntnis durch, daß Magnesium schon weit vorher einen wichtigen Herz- und Kreislaufschutz bietet. Wer immer genügend Magnesium zu sich nimmt, hat deshalb ein geringeres Herzinfarkt-Risiko.

Doch Magnesium schützt nicht nur unser Herz, sondern hält auch die Knochen gesund. Viel zu wenige wissen, daß nicht nur Kalzium das Skelett stabil hält, sondern daß immer auch Magnesium notwendig ist, um das Kalzium überhaupt in die Knochen gelangen zu lassen. Der Körper braucht Magnesium, um ein bestimmtes Enzym zu bilden, mit dessen Hilfe wiederum die stabilen Knochen-Mineral-Kristalle gebildet werden.

Das Beispiel Magnesium zeigt darüber hinaus, wie komplex das Thema Ernährung ist. Auch bei absolut ausreichendem Magnesium-Gehalt der Nahrung kann es zu Mangelerscheinungen kommen: Ohne die Vitamine B_1 und B_6 kann der Körper Magnesium nicht richtig aufnehmen und verwerten.

Spezial: **Tages-Soll:**

350 mg/Tag*, beispielsweise enthalten in 1 kg Bananen

Gute Quellen: Vollkornprodukte, Hülsenfrüchte, Trockenfrüchte, verschiedene Obst- und Gemüsesorten (Maracuja, Bananen), magnesiumreiches Mineralwasser

* DGE-Empfehlung

Kalium läßt Herzen ruhiger schlagen

Kalium ist der natürliche Gegenspieler des Natriums. Natrium hingegen ist Bestandteil unseres Kochsalzes und dafür verantwortlich, daß der Körper bei übermäßigem Kochsalzkonsum Wasser einlagert. Das belastet Herz und Nieren erheblich.

Ernährungsexperten beklagen immer wieder, daß die Deutschen allgemein zu salzig äßen – doch auch wer sich salz-sparsam ernähren möchte, kommt um eine kräftige Prise oft nicht herum. Denn in vielen Lebensmitteln, vor allem in Fertigprodukten, steckt eine so große Portion Kochsalz, daß man auch ohne Salzstreuer mehr als genug bekommt. Kalium kann diese Begleiterscheinungen des Natriums neutralisieren. Es konkurriert mit Natrium um seinen Platz in der Zelle: Tritt Kalium ein, strömt Natrium aus. Dieser Mechanismus ist wichtig und erwünscht: Der Austausch liefert dem Körper überhaupt die Kraft, sich bewegen zu können. Der Natrium-Kalium-Austausch der Zelle ist die Basis dafür, daß Muskel- und Nervenzellen Reize weiterleiten können.

Ganz besonders wichtig ist Kalium deshalb für einen ruhigen Herz-rhythmus. Studien haben gezeigt, daß eine gute Kaliumversorgung zu einem normalen Blutdruck beitragen kann.

Gehen Sie verschwenderisch mit Kräutern um! Die bringen nicht nur Geschmack und ersparen so manchen Griff zum Salzstreuer, sondern auch eine Extraportion Kalium.

Spezial: Tages-Soll:

2 g/Tag*, beispielsweise enthalten in 600 g Möhren oder 750 g Tomaten

Gute Quellen: Gemüse, Hülsenfrüchte, Obst, Kräuter (Brennessel, Petersilie), Säfte

* DGE-Empfehlung

Kalzium, der Knochenkitt

Glücklicherweise hat man dem Kalzium in den letzten Jahren immer mehr Aufmerksamkeit geschenkt, weil es als Hauptbestandteil unserer Knochen vor der gefürchteten „Knochenerweichung", der Osteoporose, schützt. Vor allem eine gute Kalzium-Versorgung in jungen Jahren gilt als Osteoporose-Schutz im Alter.

Der Kalkgehalt unserer Knochen ist gewaltig: Rund ein Kilo davon tragen wir mit uns herum. Jeden Tag scheidet der Körper aber auch Kalzium aus, so daß es für die Knochen überlebenswichtig ist, wieder Nachschub zu erhalten. Ernährungsexperten sagen, daß dazu pro Tag rund ein Gramm Kalzium ausreiche. Das ist in den Maßstäben der Mineralstoffe eine relativ große Menge und nur über eine betont kalziumreiche Ernährung zu erreichen.

Das meiste Kalzium – und auch in gut verfügbarer Form – steckt in der Milch und in Milchprodukten wie etwa Käse. Leider sind diese Produkte zum Teil nicht nur Kalzium-, sondern manchmal auch kleine Kalorienbomben.

Foto: CMA

Milch, Quark, Käse und Co. sind konkurrenzlos gute Kalziumlieferanten.
Wer keine Milchprodukte mag oder verträgt, muß sich andere Quellen suchen: Gemüse und kalziumreiches Mineralwasser beispielsweise – oder aber ein clever komponiertes Nahrungsergänzungsmittel.

Und nicht nur Figurbewußte haben beispielsweise mit fettem Käse ihre Probleme: Viele Menschen vertragen keine Milch – oder sie mögen sie schlicht nicht.

Und dies scheinen viele Menschen zu sein. Denn Ernährungsforscher beklagen immer wieder, daß die Kalziumversorgung der Deutschen nicht ausreiche.

Im Falle einer Milchunverträglichkeit empfehlen viele Mediziner gerade ihren Patientinnen, zur Sicherheit und zur Vorbeugung gegen Osteoporose, Kalzium zusätzlich als Tablette einzunehmen.

Wer sich und seine Knochen dann allerdings in Sicherheit wiegt, täuscht sich leider nur allzu oft. Auch wenn man dem Körper 1.000 Milligramm am Tag per Tablette anbietet – in ungünstigen Fällen nimmt er nur 12 Prozent davon auf.

Kalzium macht die Knochen stark.

Denn Kalzium kommt in der Nahrung – oder in Tabletten – nicht in Reinform vor, sondern steckt in einer chemischen Verbindung mit anderen Elementen.

Von dieser Verbindung aber hängt es ab, wie gut der Körper Kalzium aufnehmen kann.

Im günstigsten Fall ist dieses zusätzliche Kalzium an Substanzen gebunden, die auch in der täglichen Nahrung vorkommen wie etwa Eiweißstrukturen oder Fruchtsäuren. Auch Milchzucker fördert die Kalziumaufnahme.

So kann der Körper mit dem Kalzium umgehen und den höchsten Prozentsatz aufnehmen. Deshalb sollten Sie, wenn Sie Kalzium zusätzlich zur Nahrung einnehmen, auch immer diesen Gesichtspunkt berücksichtigen.

Spezial: **Tages-Soll:**

1 g/Tag*, beispielsweise enthalten in 500 g Grünkohl oder einem guten Liter Milch

Gute Quellen: Milchprodukte, Gemüse

* DGE-Empfehlung

Gut für Knochen und Knorpel: Mangan

Als wichtiger Enzym-Bestandteil ist auch das Mangan für die Gesundheit unserer Knochen und Knorpel unverzichtbar. Das Enzym mit dem schier unaussprechlichen Namen „Glykosyltransferase" baut aus Zucker und bestimmten schwefelhaltigen Verbindungen eine Substanz zusammen, aus der unser Bindegewebe und Knorpel besteht.

Noch bis vor kurzem glaubte man, daß in unseren Breiten quasi kein Mangan-Mangel vorkäme, weil wir eben nur absolute Minimengen davon brauchen. Neue Forschungen haben allerdings gezeigt, daß Frauen, die unter der gefürchteten Osteoporose leiden, doch zu wenig Mangan im Blut haben.

Spezial: **Tages-Soll:**

2-5 mg/Tag*, beispielsweise enthalten in 50 g
Weizenkeimen oder 5 g Teeblättern

Gute Quellen: Pflanzliche Lebensmittel wie Tee,
Getreidekeimlinge, Vollkornmehl und Walnüsse

* DGE-Empfehlung

Eine glänzende Entdeckung: Chrom

Architekten und Möbeldesigner schätzen es schon lange: das Chrom. Daß dieses Element aber auch für den Organismus besonders wichtig ist, haben Wissenschaftler erst vor wenigen Jahren herausgefunden.

Wir brauchen nur winzige Mengen Chrom und Mangan – aber ohne sie klappen viele Stoffwechselprozesse nicht mehr.

Ihnen fiel auf, daß Menschen mit Herz-Kreislauf-Erkrankungen und vor allem Zuckerkranke zum Teil einen niedrigen Chromspiegel im Blut haben. Sie gaben Diabetikern Chrom als Nahrungsergänzungsmittel und stellten fest, daß sich die Zuckerwerte dieser Patienten deutlich besserten.

Die Patienten mußten erheblich weniger Medikamente schlucken und hatten einen stabileren Blutzuckerspiegel. Die Ursache hierfür fanden die Wissenschaftler im sogenannten „Glukose-Toleranz-Faktor" (GTF), für dessen Aufbau der Körper Chrom benötigt.

Dieser Faktor sorgt dafür, daß das Insulin im Körper optimal wirken kann. Insulin ist ein Hormon, das für die Verwertung von Kohlenhydraten – also auch Zucker – benötigt wird. Diabetiker können nur zu wenig oder schlimmstenfalls gar kein Insulin mehr produzieren. Verstärkt man aber über den Glukose-Toleranz-Faktor die Insulin-Wirkung, reicht oftmals weniger Insulin aus, um den gleichen Effekt zu erzielen und den Blutzuckergehalt konstant zu halten. Aber Vorsicht: Nur der behandelnde Arzt kann die nötige Insulin- oder Tablettendosis beurteilen!

Die Bedeutung des Glukose-Toleranz-Faktors ist so enorm, daß einige Diabetiker, die an diesen Untersuchungen teilnahmen, allein durch die Nahrungsergänzung mit Chrom auf Medikamente ganz verzichten konnten.

Spezial: **Tages-Soll:**

50-200 µg/Tag*, beispielsweise enthalten in 2 Scheiben Vollkornbrot

Gute Quellen: Bierhefe, Käse, Vollkornprodukte, Fleisch

* DGE-Empfehlung

Blitzableiter und Bioantrieb: Selen

Kaum ein Spurenelement hat im Körper so wichtige Aufgaben wie das Selen. Es ist ein zentrales Teilchen beim Aufbau der verschiedensten Enzyme, also winzigen Eiweißverbindungen, ohne die im Körper überhaupt nichts funktioniert.

Vor allem Enzyme, die zur Entgiftung des Körpers beitragen, brauchen Selen. Eines dieser Enzyme ist die

„Glutathion-Peroxidase", die dafür sorgt, daß wichtige Mitspieler im Immunsystem richtig funktionieren können.

Dieses selenbedürftige Enzym ist ein potenter Fänger der freien Radikale, die Körperzellen und Erbgut schädigen und so schlimmstenfalls Krebs auslösen können.

Diese freien Radikale entstehen nicht zuletzt durch Umweltgifte wie etwa Ozon, so daß Selen eine der wichtigsten Schutzsubstanzen überhaupt ist, die wir in einer immer belasteteren Umwelt haben. Nicht umsonst setzen führende Umweltmediziner Selen schon fast standardmäßig bei der Entgiftung von Umweltpatienten ein.

Foto: Project Photos

Je länger und stärker die Sonne scheint, desto höher steigt der Ozongehalt der Luft.

Viele Studien haben gezeigt, daß schon geringe Mengen Selen die Abwehrleistung des Körpers enorm steigern können – wer ausreichend Selen im Blut hat, bei dem haben Eindringlinge wie etwa Viren und Bakterien kaum eine Chance.

Wo das Immunsystem ständige Abwehrschlachten schlägt, sinkt der Selenspiegel im Blut deutlich. Das gilt für Umweltbelastete genauso wie für chronisch Kranke wie Rheumatiker oder Krebspatienten.

Immer mehr Mediziner fordern deshalb, bei allen chronisch Kranken ständig den Selenspiegel zu überprüfen und gegebenenfalls mit Hilfe von Nahrungsergänzungsmitteln anzuheben.

Spezial: Tages-Soll:

20-100 µg/Tag*, keine Beispielangaben möglich (wg. unterschiedlichem Selengehalt der Böden und Futterzusätze)

Gute Quellen: Schweinefleisch, Getreide und Gemüse von selenreichen Ackerböden, Seefisch

* DGE-Empfehlung

Foto: MAURITIUS

Power durch Proteine! Aber erst die richtige Kombination
der lebenswichtigen Eiweißbausteine hält fit.

Eiweiße: Mit Power durchs Leben

Ohne Eiweiß kein Leben! Jede einzelne unserer Abermillionen Körperzellen ist auf Proteine – so der Fachname dafür – als lebensnotwendigen Aufbaustoff angewiesen. Aber auch Enzyme, bestimmte Hormone, Transportstoffe im Blut und unser Immunsystem brauchen Eiweiß, genauer gesagt dessen Bausteine: die Aminosäuren.

In einem normalen Eiweißmolekül reihen sich Hunderte von Aminosäuren in einer langen, verknäulten Kette aneinander. Will der Körper an die Aminosäuren gelangen, muß er diese gigantischen Eiweißketten aufspalten. Der Magensaft erledigt „das Grobe", er entwirrt das Knäuel zu langen Ketten. Die Feinarbeit besorgt dann der Dünndarm, der die Ketten in ihre einzelnen Glieder, die Aminosäuren, zerlegt.

Keine einzige unserer Körperzellen kommt ohne Eiweiß aus.

Doch das dauert seine Zeit. Eine spannende Entdeckung sind daher die Oligopeptide. Dieses sind sehr kurzkettige Eiweiße, die dem Körper in besonders leicht und schnell verdaulicher Form gezielt Aminosäuren als Bausteine für spezielle Aufgaben liefern.

Nicht alle notwendigen Aminosäuren kann der Körper selbst bilden, einige müssen wir mit der Nahrung aufnehmen.

Eigentlich bekommen wir mit unseren üblichen Mahlzeiten eher zuviel als zuwenig Eiweiß, aber nicht unbedingt immer in der richtigen Kombination. Besonders günstige Eiweißquellen sind neben Fleisch vor allem Milchprodukte, Getreide und Hülsenfrüchte; nicht zu vergessen das klassische Frühstücksei.

Wer nun aber denkt, mit einem riesigen Steak oder einer doppelten Rühreiportion wäre der erste Schritt zu mehr Muskeln getan – schließlich werden diese aus Aminosäuren aufgebaut – liegt weit daneben. Dem Freizeitsportler reichen genau wie dem Sportmuffel 0,8 g Eiweiß pro Kilo Körpergewicht, um die Muskeln fit zu halten. Ein 70 kg schwerer Mustermensch erreicht dies allein mit einem 150 g-Steak und 1/2 Liter Milch.

Das Leben kostet Kraft. Wer hochwertiges Eiweiß zu sich nimmt, kann leichter mehr leisten.

Zuviel Eiweiß bringt also nicht unbedingt die Traumfigur, eher im Gegenteil. Denn was der Organismus nicht für den Aufbau von Muskeln, Zellen, Hormonen und Enzymen braucht, landet im Energiestoffwechsel und damit schlimmstenfalls auf den Hüften. Außerdem bedeutet dies Schwerarbeit für die Nieren bei der Ausscheidung der Eiweiß-Abbauprodukte.

Anders sieht es aus, wenn der Körper Hochleistungsarbeit bringt: beispielsweise während der Wachstumsphase bei Kindern und Jugendlichen, in der Schwangerschaft und Stillzeit oder auch beim intensiven Krafttraining in der „Muckibude". Dann kann sich die empfohlene Zufuhr maximal verdoppeln, beispielsweise auf 1,6 g Eiweiß pro Kilo Körpergewicht bei Sportlern.

Schlank und fit: Der Mix macht's

Aber auch, wer für die Bikinifigur noch ein paar Pfunde loswerden will, muß die Proteine im Auge behalten. Fehlt Eiweiß im Diätplan, geht es in erster Linie nicht den Fettpölsterchen an den Kragen, sondern dem körpereigenen Eiweiß: Statt des ungeliebten Hüftspecks schwinden die Muskeln. Aber gerade jene sorgen für einen straffen Bauch und kräftige Beine, letztlich also für eine gute Figur.

Die beste Diät allein nützt wenig. Erst zusammen mit einem ausgewogenen Bewegungsprogramm schmelzen die Pfunde dauerhaft.

Idealerweise sollte beim Abnehmen möglichst viel Energie aus dem Fettabbau stammen. Das klappt jedoch nur dann, wenn die Schlankheitskost aus wenig fetten Dickmachern, aber möglichst vielen Kohlenhydraten besteht, in deren „Feuer" die Fette verbrennen. Eine wichtige Rolle spielt dabei das

L-Carnitin Es sorgt dafür, daß die Fettsäuren auch in den „Hochöfen" der Zelle verbrannt werden können.

Zur Fettverbrennung braucht der Körper neben der Bewegung allerdings bestimmte Nahrungsbestandteile, die den Stoffwechsel aktivieren: B-Vitamine, die Spurenelemente Jod und Zink und Vitamin C, aber auch Aminosäuren. Nur mit deren Unterstützung, assistiert von den Radikalenfängern Selen, Vitamin E und den Karotinoiden, funktionieren die Wirkstoffe optimal, die das Fett letztlich schmelzen lassen. Damit das Feuer auch richtig glüht, braucht es Sauerstoff, der wiederum dann erst seinen Zündfunken richtig entfacht, wenn genügend Eisen und Co-Enzym Q_{10} bereitstehen.

Kommen all' diese Substanzen zu kurz, wird der Stoffwechsel träge – die denkbar schlechteste Voraussetzung zum Pfundelassen. Ein wahrer Teufelskreis. Denn je strenger die Diät, desto weniger Vitalstoffe enthält sie meistens auch.

Der beste Fettverbrenner sind aktive Muskeln. Für einen aktiven Stoffwechsel ist eine lückenlose Vitalstoffversorgung das A und O.

Erst der gesunde Mix macht's: Sind alle Substanzen vorhanden, kann die Fettverbrennung optimal ablaufen. So kann der Sportler mehr aus sich herausholen, der Figurbewußten gefällt der Blick in den Spiegel, und der Alltagsmensch fühlt sich viel, viel wohler.

Egal aber, ob Sie nach spitzensportlichen Leistungen streben oder ein paar Pfund abnehmen wollen; eines ist klar: Eine richtige

Nähr- und Vitalstoffzufuhr macht Ihnen dies zwar leichter – aber erst Training und körperliche Bewegung wird Sie wirklich ans Ziel Ihrer Wünsche bringen. Ernährung kann eben viel, aber nicht alles.

Foto: CMA

Foto: MAURITIUS

Eskimos kennen im Vergleich zu uns deutlich weniger Herz-Kreislauf-Probleme. Der Grund: Sie essen reichlich fetten Fisch – ein optimaler Lieferant von Omega-3-Fettsäuren, die wiederum Herz und Gefäße schützen.

Fettsäuren

Fett und Säure – eine scheußliche Vorstellung. Wer sich jetzt jedoch angeekelt abwendet und den festen Entschluß faßt, nie davon zu essen, täte sich keinen Gefallen. Fettsäuren sind ein unverzichtbarer Lebensbaustoff und bilden zusammen mit noch anderen Komponenten ein winziges Fettmolekül.

Jedes Fettmolekül besteht zunächst aus einem Teil „Glyzerin". Daran hängen drei Fettsäuren. Diese Fettsäuren sehen aus wie Tausendfüßler, die oben und unten Beine haben. Sind diese „Beine" komplett, sprechen Experten von „gesättigten" Fettsäuren. Fehlt ihnen eines, heißen sie „einfach ungesättigte" Fettsäuren. Fehlen gleich mehrere, spricht man von „mehrfach ungesättigten" Fettsäuren. Letztere sind für den Menschen besonders wichtig, weil er sie nicht selber herstellen kann, aber für verschiedene Stoffwechselvorgänge braucht.

Gamma-Linolen-Säure (GLS) ist wichtig für eine gesunde Haut. Viele Nahrungsbestandteile sind GLS-Blockierer; Cholesterin, Alkohol und zuviel Fett beispielsweise.

Gamma-Linolensäure

Zu den wichtigsten ungesättigten Fettsäuren gehört neben der lebensnotwendigen Linolsäure die Gamma-Linolensäure (GLS). Sie spielt eine zentrale Rolle bei der Bildung bestimmter günstiger „Prostaglandine". Dieses sind hormonähnliche Substanzen, die viele lebenswichtige Körperfunktionen steuern.

Unter anderem regeln sie die Zellentstehung und das Zellwachstum – und damit auch die Entstehung einer gesunden, frischen Haut. Ohne Prostaglandine kann auch das Herz-Kreislauf-System nicht funktionieren, ebenso gerät bei einem Prostaglandinmangel der Menstruationszyklus der Frau durcheinander.

Wie gesagt – ohne Gamma-Linolensäure keine Prostaglandine. Normalerweise produziert der Körper selbst genügend Gamma-Linolensäure: Er baut dazu die „Linolsäure" aus der Nahrung um.

Viele Faktoren unserer heutigen Lebens- und Ernährungweise stören diesen Umbauprozeß und führen zu einem Gamma-Linolensäure-Mangel – mit allen Konsequenzen für die Gesundheit und das Wohlbefinden. Störfaktoren sind unter anderem eine Ernährung mit vielen gesättigten Fettsäuren, Streß, Nikotin, Alkohol, Bewegungsmangel und vor allem der Verzehr gehärteter Fette.

Neurodermitiker leiden häufig unter einem GLS-Mangel. Borretschsamen- und Nachtkerzenöl können helfen.

Wie wichtig GLS beispielsweise für eine gesunde Hautfunktion ist, zeigt sich speziell bei Neurodermitikern: Nicht wenige von ihnen leiden unter einem GLS-Mangel, weil ihr Stoffwechsel nicht selbst genügend GLS bildet. Immer mehr Mediziner setzten deshalb sehr erfolgreich die reine Gamma-Linolensäure im Rahmen einer Neurodermitis-Therapie ein.

Diese Präparate enthalten dann zumeist das GLS-reiche Nachtkerzenöl. Ein noch viel hochwertigeres Öl ist hierbei jedoch das Borretschsamenöl, das etwa doppelt soviel GLS enthält. Nachtkerzenöl enthält maximal 10 % GLS, Borretschsamenöl dagegen bis zu 21 % GLS, ist also doppelt so ergiebig.

Mit Fetten fit wie ein Fisch im Wasser

Wie wichtig Fettsäuren für den Körper sind, weiß jedes Kind: Wem hätte es nicht in früher Jugend vor dem ekeligen Lebertran gegraust? Heute wissen wir glücklicherweise, daß auch das Fett von Kaltwasserfischen (Hering, Lachs, Makrele) eine gute Quelle dafür ist. Viele Studien belegen inzwischen, daß Omega-3-Fettsäuren vor Zivilisationskrankheiten wie Gefäßverkalkung, Herzinfarkt oder Rheuma schützen.

Omega-3-Fettsäuren beeinflussen den Blutfettspiegel positiv. Sie senken die „Triglyzeride" und den Gehalt des Arterienklebers „Lipoprotein (a)" im Blut. Beide Substanzen fördern das Entstehen der Arteriosklerose. Omega-3-Fettsäuren steigern hingegen den Blutspiegel des herzschützenden HDL-Cholesterins. Außerdem machen sie das Blut fließfähiger und erweitern die Blutgefäße. Gelangt mehr leichtflüssiges Blut durch geweitete Adern, beugt auch dies einem gefürchteten Herzinfarkt hervorragend vor. Omega-3-Fettsäuren können aber noch mehr. Sie wirken Entzündungen entgegen und helfen deshalb auch bei Krankheiten wie Rheuma. Aber auch gegen Schuppenflechte und Migräne setzen sie kenntnisreiche Therapeuten häufig mit Erfolg ein.

Die Fettsäuren aus Fischöl schützen vor Herzinfarkt und Entzündungen.

Diese modernen Forschungsergebnisse lieferten endlich die Erklärung dafür, warum beispielsweise Eskimos und Japaner im Vergleich zu uns deutlich weniger Herz-Kreislauf-Krankheiten kennen: Bei beiden Völkern steht fast täglich Seefisch auf dem Speiseplan. Fettige Fische wie Makrelen, Lachs, Hering und Co. sind gute Omega-3-Fettsäuren-Lieferanten. Seitdem die Japaner die westlichen Lebens- und Ernährungsgewohnheiten annehmen und die Burger-Ketten in Nippon Einzug hielten, klettert auch dort die Anzahl der Herz-Kreislauf-Erkrankungen in die Höhe.

Foto: Langnese-Iglo GmbH

2x die Woche Fisch auf den Tisch, raten Ernährungsexperten – am besten Makrele, Lachs und Hering.
Schnell und lecker: Lachsscheiben salzen, mit Zitronensaft bestreichen und reichlich frischem Dill bestreuen. In Alufolie wickeln und 10–15 Minuten im 200 Grad heißen Backofen garen.

Aber auch bei uns waren die Menschen vor der Industrialisierung unserer Gesellschaft viel besser mit Omega-3-Fettsäuren versorgt: Ihr Sonntagsbraten war ein frei- oder sogar wildlebendes Tier. Das Fleisch von Hirschen, Rehen, Wildkaninchen und anderen Wildtieren ist relativ reich an Omega-3-Fettsäuren. Mit Beginn der Massentier- und Zuchtviehhaltung sank die Versorgung mit diesen Vitalstoffen – mit der bekannten Folge, daß seitdem auch die sogenannten „Zivilisationskrankheiten" wie Herzinfarkt und Rheuma Einzug hielten.

Insgesamt haben unsere heutigen Eßgewohnheiten die Fettsäurenzufuhr ungünstig verändert. Wir essen zu viele gesättigte Fettsäuren aus tierischen Lebensmitteln, nicht zuletzt durch die hierzulande nach wie vor üblichen üppigen Fleischportionen. Auch gehärtete Pflanzenfette, die beispielsweise in vielen Margarinesorten und Fertiggerichten stecken, kommen zu oft auf den Tisch. Zu guter Letzt hat sich auch das Verhältnis von Omega-6- zu Omega-3-Fettsäuren in unserer Nahrung zuungunsten der Omega-3-Fettsäuren entwickelt. Eine Tatsache, die nicht nur Lebensmittelchemiker interessiert, sondern vor allem Ernährungsexperten und Mediziner. Denn das Mißverhältnis der Fettsäuren untereinander und der generell zu reichliche Fettkonsum tragen zur weiten Ausbreitung von Herz-Kreislauf-Erkrankungen bei. Besonders günstig wirken sich einfach ungesättigte Fettsäuren – beispielsweise aus Oliven- oder Rapsöl – auf Herz und Kreislauf aus. Zwar können auch Omega-6-Fettsäuren wie die Linolsäure den Cholesterinspiegel senken, doch bestimmte Vertreter wie beispielsweise die Arachidonsäure bringen eher Schaden als Nutzen. Sie bilden Stoffe, die Entzündungen fördern, die Blutgefäße verengen und das Blut verklumpen lassen können.

Alle Fettsäuren, die wir essen, müssen in einem richtigen Verhältnis zueinander stehen.

Deshalb sollte man zur Vorbeugung darauf achten, den Anteil ihres natürlichen Gegenspielers, der Omega-3-Fettsäuren, in der Nahrung zu steigern. Dies funktioniert zum einen, wenn man statt Fleisch mehr Fischmahlzeiten einschiebt oder aber das wertvolle Fischöl als Nahrungsergänzung einnimmt. Weil viele Menschen die Vorzüge von Fischöl schätzen, haben

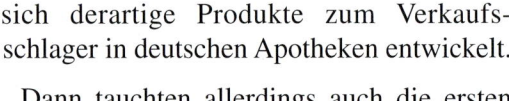

sich derartige Produkte zum Verkaufsschlager in deutschen Apotheken entwickelt.

Dann tauchten allerdings auch die ersten Berichte darüber auf, daß Fischöle zum Teil große Mengen Umweltschadstoffe enthalten können, die sich in der Nahrungskette angereichert haben. Das ist vor allem dann der Fall, wenn die Fische aus Zuchtbetrieben stammen, die in Küstennähe die Fische aufziehen. Dort gelangen viele Industrieabwässer in die Meere – und auch die Fische nehmen sie auf. Unbedenklich hingegen sind Präparate, die aus Wildwasserfischen hergestellt sind, günstig ist hier beispielsweise kanadischer Wildlachs.

Für alle, die ihren Omega-3-Fettsäurenbedarf lieber pflanzlich decken möchten, sind Hagebuttenkern- und Leinöl eine gute Alternative.

Und natürlich nach wie vor eine gute Empfehlung: 2 x pro Woche Fisch auf den Tisch!

Wer auf tierische Produkte als Omega-3-Fettsäuren-Lieferant ganz verzichten möchte, kann seinen Bedarf auch aus Pflanzen decken: Beispielsweise steckt diese Fettsäure nicht nur in Leinöl, sondern auch in Hagebuttenkernöl.

*Seitdem in
Japan Fast-Food eingekehrt
ist, bekommen auch dort die
Menschen vermehrt Herz-
Kreislauf-Probleme.*

Foto: MAURITIUS

Geballte Kraft – sekundäre Pflanzenschutzstoffe leisten eine ganze Menge für unsere Gesundheit. Denn in Pflanzen schlummert ein riesiger Arzneischatz.

Sekundäre Vital- stoffe: Die wahren Tiger im Tank

Es ist phänomenal, was die Forschung in den letzten Jahren über Vitamine, Mineralstoffe und Spurenelemente zutage gefördert hat und welche enorme Bedeutung diese Stoffe für unsere Gesundheit haben.

Immer mehr Ernährungsexperten sind sich einig, daß noch weitere spannende Ergebnisse vor uns liegen – wenn wir mehr über die sogenannten sekundären Pflanzeninhaltsstoffe wissen. Sie haben eine ähnliche Karriere vor sich wie vor vielen Jahren die Ballaststoffe.

In Pflanzen stecken Substanzen, die man erst langsam zu erforschen beginnt. Eins ist sicher: Sie können für unsere Gesundheit wahre Wunder tun.

Es ist schade, daß diese Substanzen im Deutschen den Beinamen „sekundär" bekommen haben. Diese Wortwahl legt die Annahme nahe, daß sie eigentlich nicht so wichtig sind. Im englischsprachigen Raum fand man viel passendere Namen, die den Nagel auf den Kopf treffen, was ihre eigentliche Bedeutung für Gesundheitsschutz und -förderung angeht: „Phytochemicals" oder „Phytoprotectants". Denn in Pflanzen schlummert wirklich ein riesiger Arzneischatz. Damit bestätigt die moderne Forschung nur das traditionelle Wissen der Volksmedizin und der Pflanzen- und Naturheilkunde.

Mit Obst und Gemüse gegen Viren und Bakterien

Die modernen Analysetechniken liefern uns beispielsweise den Grund dafür, warum unsere Urgroßmütter bei Erkältungen immer in den Zwiebeltopf griffen, um damit Husten und Schnupfen zu verjagen. Forscher fanden in den potenten Knollen das „Quercetin" und Sulfide mit antibakterieller Wirkung. Dieses Quercetin ist also so ein sekundärer Pflanzeninhaltsstoff – und nur einer von noch vielen hundert unbekannten.

Unsere Großmütter kochten aus Zwiebeln Hustensaft. Warum, wissen wir heute ganz genau. Denn die Knollen enthalten Substanzen, die Viren und Bakterien abtöten können.

Auch die Kresse leistet schon seit Urzeiten hervorragende Dienste gegen Viren und Bakterien. In ihr stecken die sogenannten „Senföle".

Forscher haben herausgefunden, daß diese Öle in den Stoffwechsel schädlicher Mikroben eingreifen können und sie so an ihrer Vermehrung hindern. Zwar töten die Senföle diese Krankmacher nicht direkt ab, sie blockieren aber den Nachschub.

Deshalb sehen Wissenschaftler den großen Nutzen dieser Substanzen vor allem bei der Krankheitsvorbeugung: Sind noch nicht allzu viele Keime im Blut vorhanden, wird der Körper selbst mit ihnen fertig – die Senföle sorgen dafür, daß nichts mehr nachkommt.

Ganz besonders günstig wirken diese Öle bei – drohenden – Harnwegsinfekten. In nur rund 20 Gramm Kresseblättern stecken 20 bis 80 Milligramm dieser

Senföle – das reicht, um die Harnwege zu schützen, meinen Pharmakologen.

In einigen Punkten sind Senföle sogar unseren heutigen, modernen Antibiotika überlegen: Sie werden sehr rasch vom Körper aufgenommen und verschwinden so früh aus dem Darm.

So beeinträchtigen sie die Darmbakterien nicht, die in den unteren Darmabschnitten leben – im Gegensatz zu den Antibiotika, die in der Darmflora einen regelrechten Kahlschlag hinterlassen. Damit öffnen sie aber anderen schädlichen Eindringlingen wie etwa Pilzen den Weg – nicht so die Senföle.

Auch bestimmte Beeren wirken gegen Viren und Bakterien, allerdings anders als die Senföle. In ihnen stecken unter anderem sogenannte Gerbsäuren. Die Volksmedizin setzt schon lange Heidelbeeren gegen Harnwegsinfekte ein.

Heute kennt man den Grund: Die darin enthaltenen Gerbsäuren verhindern, daß sich schädliche Bakterien an den Zellen festhalten können, die die Harnwege auskleiden. Gerbsäuren blockieren diese Verbindung, und der Keim hat keinen Halt mehr.

Gerbsäuren sind echte Pflanzenarzneien. Sie verhindern beispielsweise Harnwegsinfekte.

Mit Knofi & Co.
gegen schmerzende Gelenke

Wie gesagt – unsere Großmütter hatten allen Grund dazu, den Zwiebeltopf immer gut gefüllt zu halten. Denn die Knollen helfen nicht nur gegen Husten und Schnupfen – auch auf schmerzhafte Bienenstiche oder entzündete Gelenke träufelte man früher den Saft von Zwiebeln, Knoblauch oder Kresse. Der Grund: Darin stecken auch Wirkstoffe, die Entzündungen lindern oder sogar ganz unterdrücken können. So helfen die Substanzen „Allicin" und „Ajoen" aus Knoblauch- und Zwiebelextrakten gegen Entzündungen der Magenschleimhaut und der Atemwege. Heute weiß man auch warum: Die Substanzen beeinflussen die Entstehung einer körpereigenen chemischen Verbindung, die an einer Entzündung mit schuld ist.

Eine tolle Knolle: Knoblauch wirkt wie ein sanftes Antibiotikum. Allerdings am besten frisch.

Diese „Arachidonsäure" kann in nicht so großen Mengen entstehen, wenn Knofi & Co. ihren Dienst tun.

Die scharfen Knollen wirken wie ein sanftes Antibiotikum. Experten fanden heraus, daß Allicin rund ein Prozent der Kraft von Penicillin besitzt. Allerdings absolut nebenwirkungsfrei, abgesehen von einem vielleicht etwas strengen Geruch.

Artischocke und Sellerie helfen der Leber auf die Sprünge

Die Leber ist nicht nur unser zentrales Stoffwechselorgan, sondern eine gigantische „Entgiftungsfabrik", die quasi alle Substanzen einmal passieren müssen, die in unseren Körper eindringen. Die Leber entscheidet, welche dieser Substanzen für uns giftig sind und welche nicht. Gefährliche Verbindungen kann sie mit einer Vielzahl von chemischen Tricks unschädlich machen. Dazu benutzt sie vor allem Enzyme, aber auch andere Substanzen. Mit ihnen bearbeitet sie die giftigen Verbindungen, die der Körper ausscheiden soll, und macht sie unschädlich.

Dann gibt sie die auszuscheidenden Substanzen an die dafür zuständigen Organe weiter. In den meisten Fällen sind dies die Nieren. Das geht aber nur, wenn diese unerwünschten Substanzen wasserlöslich sind und deshalb über das Blut trans-portiert werden können.

Die Leber leistet ständig Akkord-arbeit. Pro Minute durchflutet sie etwa ein Liter Blut, das es zu filtern gilt. Aus der Volksmedizin kennt man zwei natürliche Helfer für diese Schwerstarbeit: die Brunnenkresse und den Sellerie. Ihre Inhaltsstoffe kurbeln den Stoffwechsel in der Leber kräftig an und beschleunigen ihre Arbeit deutlich.

Artischocke und Sellerie ergänzen sich ideal. Die eine spornt die Leber zu Höchstleistungen an, der andere peppt die Nieren auf.

Bei der Verarbeitung besonders hartnäcki-ger, unerwünschter Substanzen hilft ihr außerdem noch die Artischocke. Ihre Inhaltsstoffe lassen die Gallensäfte fließen, die bei der Fettverdauung mithelfen. Die Gallensäuren wiederum bilden sich aus kör-pereigenem Cholesterin. Angekurbelt durch Artischockenbitterstoffe, baut der

Körper so vermehrt eigenes Cholesterin ab. Vorausgesetzt, es sind genügend Ballaststoffe vorhanden (in diesem Fall besonders günstig: Obstpektin und Haferkleie), die die Gallensäuren binden und letztlich über den Darm abtransportieren. Langfristig hilft dies, den Cholesterinspiegel zu senken.

Kresse & Co. machen den Nieren Beine

Die meisten Schadstoffe gibt die Leber zur endgültigen Ausscheidung an die Nieren weiter. Damit die Nieren gut funktionieren können, brauchen sie viel Flüssigkeit. Deshalb raten Mediziner auch, jeden Tag mindestens 1,5 Liter zu trinken.

Brennesseln waren eine übliche Kost in den kargen Nachkriegsjahren – mit immerhin dem Erfolg, daß die Menschen damals kaum an Blasenkrankheiten litten.

Haben die Nieren nicht genügend Flüssigkeit zur Verfügung, um darin die Stoffwechsel-Endprodukte zu lösen, bleiben die schädlichen Substanzen stecken – dann können Nierensteine entstehen.

Eine schlecht durchspülte Niere steht vielen Menschen im wahrsten Sinne des Wortes schlecht zu Gesicht: Die Haut wird unrein, trocknet aus und bildet Knitterfältchen.

Wie wichtig es ist, die Nieren zu spülen, weiß schon die Volksmedizin – Trinkkuren sind nur ein Beispiel hierfür. Naturheilkundler geben den Nieren darüber hinaus gerne noch ein wenig Starthilfe mit verschiedenen Pflanzenextrakten, die die Nierenfunktion stärken und anregen. Dazu zählt in erster Linie die Brennessel.

Wie gut die Brennessel wirkt, zeigt die Geschichte: Ihre Blätter und zarten Triebe geben einen köstlichen Salat und sind eine exzellente Vitaminquelle. Darüber hinaus wächst die Brennessel an den undankbarsten Orten – im Extremfall auf Schutt und Trümmern.

Das machte sie zu einer sehr üblichen Kost in den Kriegs- und Nachkriegsjahren. Medizinhistoriker wissen, daß die Menschen in diesen Tagen zwar viel zu leiden hatten – Nieren- und Blasenkrankheiten gab es allerdings fast nicht.

Einen ähnlichen Effekt wie die Brennessel hat auch die Petersilie. Petersilie enthält die ätherischen Öle „Apiol" und „Myristicin". Diese Substanzen regen die Durchblutung der Nieren und des kleinen Beckens an.

Kombiniert mit Sellerie, ist Kresse ein idealer Fitmacher für die Nieren.

Eine besser durchblutete Niere wird automatisch auch mit mehr Vitalstoffen versorgt und kann deshalb besser arbeiten. Besonders viele der wertvollen Inhaltsstoffe stecken in der Petersilienwurzel.

Ätherische Öle liefert auch die Brunnenkresse. Besonders potente Wirksubstanzen sind die „Sulfide", die auch dem Knoblauch seine unübertroffene, gesundheitsfördernde Wirkung verleihen. Vorteil der Brunnenkresse: Sie belästigt die Nasen der Mitmenschen nicht. Nicht zu unterschätzen ist auch der Gehalt an Eisen, Kalium, Kalzium und den B-Vitaminen.

Brunnenkresse in Kombination mit Sellerie ist als Fitmacher für die Nieren kaum noch zu schlagen. Sellerie wurde schon im Altertum wegen seiner entwässernden Wirkung geschätzt, denn Sellerie ist extrem kaliumhaltig und schwemmt so unliebsame Substanzen aus der Niere.

Sellerie war den Altvorderen so wertvoll, daß sie ihn liebevoll die „europäische Ginsengwurzel" nannten – und den Ginseng wog man im Orient bekanntlich mit Gold auf.

Sellerie war früher so wertvoll, daß ihn die Altvorderen „europäischer Ginseng" tauften. Rote Beeren sorgen für eine gute Blutbildung. Sie sind exzellente Eisenlieferanten.

Rote Früchte für den Lebenssaft

Wir fühlen uns nur wohl, wenn Nieren und Leber gut funktionieren können. Aber nur diese zentralen Organe mit Vitalstoffen versorgen zu wollen, wäre zu kurz gedacht. Denn egal, ob nun Niere, Leber oder aber Herz und Nerven – sie alle werden über das Blut versorgt.

Ein ganzheitliches Ernährungskonzept muß also auch immer bedenken, daß die Fließeigenschaften des Blutes optimal sind und daß es seine Hauptaufgabe gut erfüllen kann: den Transport von Sauerstoff und Vitalstoffen in die Zellen. Für die Qualität des Blutes hat der Volksmund traditionell rote Früchte empfohlen. Lange hat die Schulmedizin diesen, wie sie meinte, etwas naiven Denkansatz belächelt.

Nun haben aber einige Studien belegt, daß Rote Bete beispielsweise einen positiven Einfluß auf die

Zusammensetzung des Blutes haben können. So vermehren sich bei Menschen, die diese dicke Knolle regelmäßig verzehren, vor allem die roten Blutkörperchen. Das sorgt dafür, daß das Blut mehr Sauerstoff transportieren kann.

Zur Vermehrung der roten Blutkörperchen tragen auch verschiedene rote Beeren bei, deren Eisengehalt relativ hoch ist. So sind die Holunderbeere, die Brombeere und die Heidelbeere sehr gute Eisenlieferanten. An ihnen zeigt sich wieder einmal das geniale Konzept der Natur: Sie stecken nicht nur voller Eisen, sondern auch voller Vitamn C. Dadurch kann der Körper das pflanzliche Eisen besonders gut aufnehmen.

In der Naturheilkunde sind rote Früchte für die Verbesserung des Blutes unersetzlich. Um ihre Wirkung noch zu steigern, mixen kenntnisreiche Therapeuten aus ihnen einen Drink und geben zu den Beeren auch noch Zwiebelsaft. In Zwiebeln steckt – wie auch im Knoblauch – das ätherische Öl „Allicin", das die Fließeigenschaften des Blutes verbessert. Allicin verhindert, daß die für die Gerinnung zuständigen Blutplättchen im Blutstrom zusammenklumpen können.

Die Schisandrafrucht enthält besonders wirksame Radikalenfänger: die Lignane.

Das asiatische Powerpaket – die Schisandrafrucht

Vor allem in China und Japan kennt und schätzt man die Schutz- und Heilwirkung einer Pflanze, die besonders viele sogenannte

„Lignane" enthält: die Schisandrafrucht. Von dort kommen nun auch immer mehr wissenschaftliche Studien, die die Bedeutung dieser Pflanze und ihrer Inhaltsstoffe immer stärker betonen. So konnten Forscher beweisen, daß Lignane aus der Schisandrafrucht potente Fänger der gefürchteten freien Radikale sind – sie sollen hierbei das Vitamin E teilweise noch um Längen schlagen können. Das „Schisandrol", wie die Forscher die aktiven Substanzen in dieser Pflanze auch nennen, schützt darüber hinaus die Leber in bislang kaum dagewesener Weise: Im Tierversuch konnten Wissenschaftler zeigen, daß sich geschädigte Leberzellen viel schneller regenerierten, wenn sie dem Tier Schisandrafruchtextrakt gaben. Auch eine krebshemmende Wirkung wird der Pflanze zugeschrieben.

In vielen Pflanzen stecken Krebsschutzfaktoren, in manchen gleich mehrere auf einmal.

Mit Spannung verfolgen aber auch Sportmediziner die Forschungsergebnisse über diese Pflanze: Mehrere internationale Studien haben gezeigt, daß sie die körperliche Leistungsfähigkeit deutlich zu steigern vermag – der Puls steigt nicht so schnell an, die Energiegewinnung in den Muskeln klappt besser, und auch Ermüdung tritt nicht so schnell ein.

„Phytochemicals" – ein Arzneischatz gegen gefürchtete Krankheiten

Vor allem auf dem Gebiet der Krebsvorbeugung und -behandlung hat die Erforschung dieser Pflanzensubstanzen große Bedeutung erlangt.

Das populärste Beispiel ist hier die Mistel. Lange Jahre feindeten viele Mediziner eine derartige Ergänzung der Krebstherapie an. Heute verstummen diese Stimmen, weil immer mehr Studien die Wirksamkeit der Mistel bei Krebserkrankungen beweisen.

Etwas unbekanntere, aber trotzdem sehr spannende Agenten gegen den Krebs sind die „Phytosterine". Dieses sind fettähnliche Substanzen, die vor allem in fettreichen Pflanzen wie etwa Sesamsaaten vorkommen.

Phytoöstrogene können vor Krebsarten schützen, bei denen Hormone mit ihm Spiel sind.

Phytosterine hemmen beispielsweise nachweislich die Entstehung von Dickdarmkrebs: Die Substanz verhindert, daß sich die Dickdarmzellen unkontrolliert schnell teilen können.

So reduzieren sie auch das Risiko, daß dabei eine Krebszelle entsteht. Studien haben gezeigt, daß Vegetarier wesentlich mehr Phytosterine im Stuhl haben – Wissenschaftler meinen, daß Vegetarier deshalb deutlich seltener Dickdarmkrebs bekommen.

Auch die „Phytoöstrogene" – beispielsweise aus Roggen, Leinsamen und Hülsenfrüchten – gehören zu den vorbeugenden Pflanzenstoffen, besonders bei hormonabhängigen Tumoren wie Brust- oder Prostatakrebs. Asiatische Männer, die viele Sojaprodukte und insgesamt ballaststoffreich und fettarm essen, leiden im Vergleich zu Männern der westlichen Welt seltener an Prostataerkrankungen. Und die Brustkrebsrate japanischer Frauen ist im internationalen Vergleich besonders niedrig.

Ein anderer mächtiger Krebsvorbeuger ist der Brokkoli. In ihm stecken viele sogenannte „Glukosinolate", die wahrscheinlich das Wachstum von Krebszellen verlangsamen oder ganz unterbinden.

Besonders interessiert es natürlich die Forscher, in welchem Tumorstadium sekundäre Pflanzeninhaltsstoffe eingreifen können, und wie sie das Tumorgeschehen beeinflussen. Heute weiß man, daß diese Pflanzensubstanzen an den unterschiedlichsten Stellen eingreifen können.

Einige Substanzen entschärfen andere Verbindungen, die als krebserregend bekannt sind. Sie hemmen die Entwicklung von krebsfördernden zu krebserregenden Substanzen genauso wie die Zellvermehrung, beschleunigen die Entgiftung der aktivierten Krebsauslöser und fangen freie Radikale.

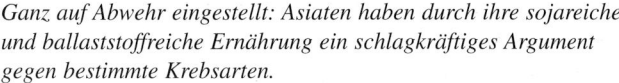

Auch eine andere Substanz aus der Nahrung, die ebenfalls beim Erhitzen entsteht, kann Krebs verursachen: die „Nitrosamine". Sie schädigen die Erbsubstanz einer Körperzelle und lassen sie entarten. Die erste Tumorzelle ist so entstanden. Einige sekundäre Pflanzeninhaltsstoffe können diese Nitrosamine schon weit vorher abfangen und unschäd-

Ganz auf Abwehr eingestellt: Asiaten haben durch ihre sojareiche und ballaststoffreiche Ernährung ein schlagkräftiges Argument gegen bestimmte Krebsarten.

lich machen – und so die Zelle schützen. Wer reichlich sekundäre Pflanzenstoffe ißt, so Professor Claus Leitzmann aus Gießen, verringert übrigens die Krebsgefahr ohnehin, da Antioxidantien die Umwandlung von Nitrat zu Nitrit und damit letztlich zu Nitrosaminen verhindern können.

Diesen Zellschutz bieten sie auch vor den freien Radikalen. Sie sind wahrscheinlich ebenso potente Radikalenfänger wie das Selen oder das Vitamin C.

Nur sind sekundäre Pflanzeninhaltsstoffe häufig die noch viel mächtigeren Radikalenfänger. Zu ihnen zählen beispielsweise die sogenannten „Bioflavonoide", die in der Schale vieler Früchte stecken. Vor allem Beeren und viele Südfrüchte sind wahre Bioflavonoid-Bomben.

Bioaktive sekundäre Pflanzenstoffe sind wichtige Helfer zur Vorbeugung von Herz-Kreislauf- und Krebserkrankungen. Außerdem halten sie das Immunsystem fit.

Doch auch, wenn eine erste Krebszelle entstanden ist, können sekundäre Pflanzeninhaltsstoffe noch helfend eingreifen. Einige von ihnen beeinträchtigen den Stoffwechsel dieser entarteten Zelle.

In jedem Fall aber können einige sekundäre Pflanzeninhaltsstoffe die Krebszelle daran hindern, sich schnell wieder zu teilen. Damit ist viel gewonnen, denn das Immunsystem des Körpers hat dann etwas mehr Zeit, die entartete Zelle zu erkennen und aus dem Weg zu schaffen.

Im Team unschlagbar –
Bioaktive Substanzen

Was steckt drin?	Worin stecken sie zum Beispiel?	Wogegen beugen sie vor?						
		Gegen Krebs	Gegen Bakterien	Gegen Gefäßverkalkung	Gegen Cholesterin	Hemmen Entzündungen	Stärken das Immunsystem	Fangen freie Radikale
Karotinoide *(am häufigsten als Beta-Karotin)*	Möhren (Karotten) Brokkoli Aprikosen Grünkohl Petersilie Orangen Tomaten (Lykopin)							
Phytosterine	Petersilienöl Sojaöl Borretschöl Weizenkeimöl Petersilienwurzel-extrakt Sesamöl							
Saponine	Kichererbsen Lecithin Sojabohnen Spinat Aloe-Vera							

Was steckt drin?	Worin stecken sie zum Beispiel?	Gegen Krebs	Gegen Bakterien	Gegen Gefäßverkalkung	Gegen Cholesterin	Hemmen Entzündungen	Stärken das Immunsystem	Fangen freie Radikale
Phenolsäuren *(Kaffeesäure, Ferulasäure, Ellagsäure)*	Heidelbeeren Hagebutten Brombeeren Himbeeren Grünkohl							
Lignane *Schisandrol B, Schisandrol C, Schisandrol D*	Schisandrafrucht							
Flavonoide *(Rutin, Anthocyane, Quercetin)*	Hagebutten Holunder alle roten, gelben und blauen Früchte und Gemüse							
Sulfide	Zwiebeln Knoblauch Schnittlauch Schalotten							
L(+)Milchsäure *(aus sauer vergorenen Säften)*	Möhren Rote Bete Sauerkraut							

Foto: MAURITIUS

Gesundheit! Allergien sind eine wahre Volkskrankheit. Hierzulande hat es bereits jeden fünften erwischt. Höchste Zeit, nach den Ursachen zu forschen – die liegen nämlich nicht selten in einer gestörten Darmflora.

Gesunder Darm – gesunder Mensch

„Der Tod sitzt im Darm", sagt ein alter Spruch. Man könnte es auch weniger bedrohlich formulieren: gesunder Darm – gesunder Mensch. Wir wissen heute viel über dieses wichtige Organ, das viel mehr ist als nur unser „Abflußrohr". Er ist nicht nur unser wichtigstes Immunorgan, sondern auch die Stelle, an der Nährstoffe in den Körper übertreten. Die typische fettreiche und ballaststoffarme Fast-Food-Ernährung erschwert ihm diese Arbeit. Mit allen Konsequenzen für die Gesundheit.

Der Darm ist unser größtes Immunorgan. Deshalb ist es so wichtig, daß es ihm gut geht.

Der Darm kann nur richtig funktionieren, wenn es seinen kleinen Helfershelfern gut geht: An der Darmschleimhaut leben Millionen und Abermillionen nützlicher Bakterien, auf deren stetige Arbeit wir dringend angewiesen sind.

Dieses „Ökosystem Darm" setzt sich aus etwa 500 Bakterienarten zusammen, die ihrerseits natürlich auch einen sehr aktiven Stoffwechsel haben. Mit ihm schützen sie uns vor verschiedenen Krankheiten wie etwa einer Pilzinfektion oder aber Allergien.

Allergien entstehen im Darm

Allergien sind eine echte Volkskrankheit geworden. Schätzungen zufolge kämpft schon jeder fünfte mit einer verschwollenen Schnupfnase, tränenden Augen oder allergischen Haut- und Darmproblemen.

Die klassische Schulmedizin hält zwar eine Fülle an Medikamenten zur Symptombekämpfung bereit oder sie versucht, das Immunsystem mit einer sogenannten Hyposensibilisierung gegen die Allergieauslöser abzuhärten – aber die Frage nach der Ursache kommt viel zu selten.

Mikroökologen haben daher einmal das Organ genauer unter die Lupe genommen, das den intensivsten Kontakt zur Außenwelt hat: den Darm. Dabei stellten sie fest, daß der alte Satz „Allergien stammen aus dem Darm" durchaus seine Berechtigung hat.

Nirgendwo sonst haben wir so engen Kontakt zur Außenwelt wie an der Darmschleimhaut.

Es mag ja paradox klingen, aber es kommt tatsächlich kein Körperteil in so engen und intensiven Kontakt mit unserer Umwelt wie unser Verdauungstrakt: Alles, was wir verschlucken, rutscht langsam durch den Darm, hat einen langen und engen Kontakt mit der Darmschleimhaut und kann dabei auf die unterschiedlichste Weise wirken. Nähr- und Vitalstoffe lösen sich und treten durch die Schleimhaut ins Blut über, Darmbakterien bedienen sich am Speisebrei und beginnen mit ihrem eigenen Stoffwechsel.

Dabei scheiden sie ihrerseits Produkte ab, die im Darm und auf den gesamten Organismus wirken können. Welche Keime sich im Verdauungstrakt tummeln, entscheidet vor allem der Ernährungsstil: Bei ballaststoffreicher Kost, die außerdem viel milchsauer Vergorenes enthält, fühlen sich günstige Darmkeime besonders wohl.

Eine zuckerreiche, ballaststoffarme Kost mit viel tierischem Eiweiß hingegen schafft ein

Klima, in dem unerwünschte Bakterien und sogar Pilze besonders gut gedeihen. Dann kommt das empfindliche Ökosystem Darm aus dem Lot, mit vielfältigen Folgen für den ganzen Körper.

Siedeln sich schlechte Darmkeime und Pilze an der Darmschleimhaut an, kommt es an vielen, vielen Stellen zu winzigkleinen Entzündungen. Allein ist eine solche Entzündungsstelle nicht schlimm, breitet sie sich aber aus, kann dies die Funktionsfähigkeit des Darmes beeinträchtigen.

Beispielsweise kann es dann passieren, daß die einzelnen Zellen der Darmschleimhaut nicht mehr so gut zusammenhaften und durch diese kleinen „Löcher" größere Nahrungspartikel als normal schlüpfen können. Gelangen sie ins Blut, springt das Immunsystem an und bildet Antikörper – die Allergie beginnt. Dann reagiert der Körper in Zukunft jedesmal, wenn dieses Nahrungsmittel verzehrt wird.

Eine schlechte Darmflora begünstigt die Entstehung von Allergien. Milchsauer Vergorenes beugt vor.

Er hält nun bestimmte Lebensmittel für Eindringlinge, die er bekämpfen muß. Damit er für diese Aufgabe immer Gewehr bei Fuß steht, bildet er besonders wehrhafte IgA-Antikörper (= Immunglobuline vom Typ A), die sich vor allem an der Darmschleimhaut finden – aber nicht nur dort.

Schleimhäute kleiden auch andere Stellen des Körpers aus, etwa die Nase. Wenn der Körper einmal IgA-Antikörper

Foto: Project Photos

Richtig gut drauf: Die beiden kennen keinen Heuschnupfen, im Gegensatz zu vielen ihrer Altersgenossen.

gebildet hat, versammelt er diese immer gleichzeitig an allen seinen Schleimhäuten, um sich besonders rasch und effektiv gegen Eindringlinge von außen wehren zu können.

Das macht Sinn, denn so hat er an allen besonders „verletzlichen" Stellen des Körpers eine mächtige Armada gegen unerwünschte Eindringlinge bereit. Ein bestimmtes IgA paßt immer nur zu einer bestimmten Substanz, die dieser Antikörper bekämp-fen soll, das Ganze funktioniert also wie ein Schlüssel-Schloß-Prinzip – manchmal aber leider nicht ganz perfekt: Dieses System narrt die enge botanische Verwandtschaft einiger unserer Lebensmittel mit bestimmten Bäumen oder Sträuchern. Streifen dann beispielsweise die Pollen von Frühblühern wie Hasel, Erle oder Birke die Nasenschleimhaut, schießen auf einmal die Antikörper auf sie los, die der Organismus gegen Stein- und Kernobst oder gegen Nüsse gebildet hat.

Sicherlich ist der Darm nicht immer und ausschließlich der Auslöser für Allergien – hier spielen nach dem heutigen Stand der Wissenschaft auch Erbanlagen eine Rolle – oder aber die Tatsache, wie fit das Immunsystem ist. Auf jeden Fall aber lohnt es sich, bei bestehenden Allergien an eine umfassende „Darmsanierung" zu denken. Aus der Erfahrungsheilkunde weiß man, daß eine solche Ernährungstherapie bei Allergien gute Dienste tut.

Sorgen für ein prima Klima: Bakterien

Gutartige Darmbakterien nützen zunächst einmal schlicht durch ihre Anwesenheit: Sie besetzen die Oberfläche der Darmschleimhaut und verhindern so, daß sich andere Keime dort verankern können. Sie dienen quasi als Platzhalter.

Eine intakte Darmflora schützt uns vor Eindringlingen wie etwa Salmonellen. Ist sie gestört, können sich schädliche Keime breitmachen.

Außerdem trainieren sie das Immunsystem. Zwar sind diese Keime harmlos, aber sie stimulieren dennoch durch ihre Anwesenheit die Immunabwehr an der Darmschleimhaut das hochpotente IgA. Daß an der Darmschleimhaut eine so mächtige Armee Gewehr bei Fuß steht, ist wichtig. Wo sonst stürmen so viele krankmachende Substanzen auf den Körper los wie im Darm?

Ein gutes Beispiel sind die gefürchteten Salmonellen. Jeden Tag verschlucken wir einige dieser Keime, die irgendwo auf unserer Nahrung gesessen haben. Sind es aber nicht zu viele und ist die Immunabwehr intakt, tötet sie der Körper ab, ohne daß wir etwas davon bemerken.

Doch Darmbakterien schützen nicht nur passiv dadurch, daß sie die körpereigene Abwehr stimulieren, sondern auch aktiv. Wie jedes Lebewesen haben auch Darmbakterien einen sehr aktiven Stoffwechsel.

Unser Darm braucht Ballaststoffe, sonst wird er träge und müde.

Sie fressen bestimmte Substanzen und geben andere wiederum ab. Vor allem die Stoffe, die gutartige Darmbakterien abscheiden, sind für ein gesundes Darmklima besonders wichtig. Denn eigentlich sind diese Substanzen nichts anderes als biologische Waffen, mit denen die Bakterien ihren Lebensraum vehement verteidigen. Mit ihnen setzten sie anderen, schädlichen Bakterien oder aber Darmpilzen hart zu und machen ihnen das Leben schwer. Wir haben also allen Grund dafür, diesen gutartigen Untermietern das Leben so angenehm wie möglich zu machen.

Leider tun wir mit unserer immer verbreiteteren Ernährung aus Pommes und Currywurst genau das Gegenteil: Darmbakterien brauchen für ein gutes Gedeihen bestimmte Ballaststoffarten, unterstützt durch Milchzucker und Milchsäure. Fehlt dieser gesunde Ballast, wird der Darm müde, träge und krankheitsanfällig.

Milchsäure – Streicheleinheiten für die Darmflora

Ein ideales Klima für gutartige Darmbakterien bieten milchsauer vergorene Produkte wie etwa Sauerkraut: Zum einen schaffen diese Produkte ein Milieu mit dem idealen Säuregrad im Darm. Dieses gute Milieu stimuliert die gutartigen Darmbakterien dazu, sich schneller zu vermehren.

Zum anderen aber stecken in ihnen selbst noch vermehrungsfähige, nützliche Bakterien wie etwa die „Bifidus- und Acidophilusbakterien". Das sind die gleichen Keime, die uns auch den Joghurt bescheren. Diese Bakterien gelangen mit der milchsauren Nahrung in den Darm und können dort weiterleben.

So gruselig das klingt: Es ist sehr gesund. Noch vor nur zwei Generationen mußte man sich deshalb auch über seine gesunde Darmflora keine Gedanken machen: Unseren Großmüttern diente die Milchsäuregärung als Konservierung für viele Gemüsesorten.

Ein gesundheitsspendendes Getränk kennen die Nomadenvölker: Sie trinken viel milchsauer vergorene Stutenmilch. Das pflegt die Darmflora.

Der Siegeszug von Kühlschrank und Gefriertruhe hat dieser gesundheitsspendenden (und zugegebenermaßen auch zeitaufwendigen) Konservierungsmethode ein rasches Ende bereitet. Eine Renaissance haben die milchsauren Produkte in Form von Säften erlebt. Es lassen sich quasi alle Gemüsesäfte mit Milchsäurebakterien haltbar machen. Besonders schmackhaft

Foto: H.-G. Berner

Hans-Günter Berner mit seinen Zuchtstuten Winnipeg, Aristana und Bologna (im Hintergrund). Vorne schnuppert „Rimini", ein Stutfohlen der Bologna.

sind beispielsweise milchsaure Rote Bete oder Möhren. Ein ganz besonders wertvolles milchsaures Produkt kennen die Nomadenvölker der ehemaligen Sowjetunion, die sich von der Milch ihrer Stuten ernähren.

Sie fermentieren diese Stutenmilch mit einer speziellen Mischkultur aus Milchsäurebakterien und Hefen und erhalten so ein anregendes und gesundheitsspendendes Getränk, das sie „Kumys" nennen.

Kumys stimuliert in unerreichter Form die Darmflora. Das Klima, das milchsaure Stutenmilch im Darm schafft, ist für die Vermehrung von gutartigen Darmbakterien optimal.

Das Klima für die gutartigen Darmbakterien kann allerdings noch so gut sein: Kein Bakterium kann sich

Foto: CMA

Ein Sack voller Ballaststoffe – dem Darm zuliebe!

ohne entsprechendes Nahrungsangebot vermehren. So wie unsere Ernährung heutzutage meistens aussieht, verschafft sie allerdings eher den krankmachenden Keimen wie etwa Pilzen einen Wachstumsvorteil.

Schädliche Pilze beispielsweise bevorzugen Zucker und einfach abzubauende Kohlenhydrate. Davon steckt reichlich in unserer Nahrung. Zwar können auch Bakterien Zucker verstoffwechseln, Pilze sind hier aber viel schneller. Schlau ist es deshalb, Nährstoffe zu sich zu nehmen, die die Bakterien füttern, die Pilze aber nicht. Dies leistet beispielsweise der Milchzucker.

Als „Bakterienfutter" hat in den letzten Jahren auch der fast in Vergessenheit geratene Topinambur wieder Einzug in viele Küchen gehalten.

Wer sich falsch ernährt, leistet auch krankmachenden Keimen wie etwa Pilzen Vorschub. Ihr Lieblingsfutter: der Zucker.

Diese gelbliche, kartoffelähnliche Knolle enthält die Substanz „Inulin", einen Ballaststoff, der ein Lieblingsfutter der gutartigen „Bifidus"-Darmbakterien ist. Inulin gehört daher zu den sogenannten „Prebiotika", Stoffen also, die das Wachstum gesundheitsfördernder Bakterien (Probiotika) unterstützen. Ähnlich dem Inulin, kann unser Körper auch eine bestimmte Zuckerart nicht verwerten: die „Oligo-Fruktose". Ihre vielfältigen positiven Eigenschaften haben die Ernährungsforschung in der letzten Zeit ganz besonders beschäftigt. Dabei ist die Oligo-Fruktose zunächst gar nichts Aufregendes:

Fruktose ist nichts anderes als Fruchtzucker, allerdings sieht die „Oligo"-Fruktose chemisch gesehen ein wenig anders aus. Hier hängen viele Fruktose-Moleküle hintereinander und bilden eine sehr lange Kette. Damit kann der Körper jedoch nichts anfangen, weil er diese Kette nicht aufspalten kann – ganz im Gegensatz zu gutartigen Darmkeimen, für die die Oligo-Fruktose ein wahres Festessen ist.

Sie produzieren aus Inulin und der Oligo-Fruktose kurzkettige Fettsäuren, die das Wachstum der Bakterienflora allgemein stark stimulieren. Eine günstige, dichtbesiedelte Darmkeimflora wiederum stärkt das Immunsystem des gesamten Organismus.

Mehr noch: Durch Inulin und Oligo-Fruktose angefeuerte Darmbakterien scheiden mit der Propionsäure eine Fettsäure aus, die die Cholesterinproduktion in der Leber hemmt und damit einen erhöhten Cholesterinspiegel günstig beeinflußt.

Gutartige Darmkeime mögen Inulin und Oglio-Fruktose besonders gern.

Kleben Sie Ihrem Darm eine

Nahrungsmittelallergien können wie gesagt ihren Anfang darin haben, daß die Darmschleimhaut-Zellen nicht mehr richtig fest aneinander haften und zu großen Nahrungsbestandteilen Durchschlupf bieten. Neueste Forschungen haben einen wahren „Zellkleber" ausfindig gemacht, der als sekundärer Pflanzeninhaltsstoff beispielsweise in Kürbiskernöl vorkommt: Diese sogenannten „Phytosterole" sorgen dafür, daß die Darmzellen wieder fester aneinander haften und beugen so Nahrungsmittelallergien vor.

Foto: MAURITIUS

Kein Grund zum Haareraufen. Statt verzweifelt die Reagenzgläser auf der Suche nach einem neuen Wundermittel anzuschauen, sollte er lieber einmal die Vitalstoffe genauer unter die Lupe nehmen.

Die Vitalstoff-Apotheke – Quelle unserer Gesundheit

„Der Mensch ist, was er ißt." Wohl wahr! Unsummen fließen jährlich auf das Konto der sogenannten ernährungsbedingten Krankheiten, angefangen bei Herz-Kreislauf-Erkrankungen bis hin zu Zuckerkrankheit und Gicht. Üppige Fleischportionen, spärliche Gemüsebeilagen, Fett, Salz, Zucker und Alkohol im Übermaß – essen wir uns krank?

Getreu dem Motto „Der Doktor wird's schon richten" treiben wir mit unserer Gesundheit Schindluder, als hätte die Medizin schon das Allheilmittel und den Jungbrunnen erfunden. Vorsorge findet eher in den Köpfen als in der Praxis statt. Fast jeder weiß zwar, wie wichtig eine bewußte Ernährung, körperliche Aktivität und der richtige Umgang mit Streß sind, doch die wenigsten handeln danach. Erst wenn's kneift und zwackt, besinnt sich so mancher auf ein vernünftiges Gesundheitskonzept. Eine viel bessere Idee wäre es doch, den weitverbreiteten Zivilisationskrankheiten vorzubeugen, nicht zuletzt auch mit Schutzstoffen aus der Nahrung!

Alle möchten die Rente lieber für Reisen ausgeben, statt für einen Rollstuhl. Aber was tun wir dafür?

Dazu reicht natürlich nicht ein gerade von der Werbung hochgejubeltes Super-Vitamin! Auch hier bringt erst die richtige Mischung den Erfolg: eine gesunde Lebensweise, eine komplette Schutzstoff-Versorgung über die Ernährung und ein Bewegungs-programm, das Spaß macht. Auch eine positive Lebenseinstellung gehört dazu, dies betonen Psycho-Neuro-Immunologen immer wieder.

Gerade jene Krankheiten, die durch aggressive freie Radikale entstehen, haben Wissenschaftler in den letzten Jahren besonders genau unter die Lupe genommen. Sogar einen eigenen Namen haben sie ihnen gegeben: „Free radical diseases", was soviel heißt wie „Freie-Radikalen-Krankheit". Umso logischer erscheint es, gerade jene Stoffe im Auge zu behalten, die den freien Radikalen Paroli bieten: die Radikalenfänger Vitamin C und E, sekundäre Pflanzenschutzstoffe und das Spurenelement Selen. Denn gerade diese Stoffe spielen im Kampf gegen Krebs- und Herz-Kreislauf-Erkrankungen eine wichtige Rolle. Der Ratschlag, täglich fünf Portionen Obst und Gemüse zu essen, hat durchaus seine Berechtigung im Sinne einer vernünftigen Krankheitsprophylaxe – ist allerdings nicht immer so einfach in die Tat umzusetzen.

Freie Radikale begünstigen viele Krankheiten wie Herzinfarkt, Krebs, Grauen Star und Rheuma.

Bieten Sie dem Herzinfarkt Paroli

In unserem Wunderwerk Körper verläuft ein weitverzweigtes Netz von teils fingerdicken, teils aber auch nur haarfeinen Adern, die das Blut an jede Stelle des Körpers transportieren können. Unser „Kanalsystem" ist dafür bestens ausgerüstet: Die

Blutgefäßwände sind hochelastisch, dehnbar, reißfest und halten teilweise einem enormen Druck stand. Das System ist perfekt, und Vitalstoffe können helfen, es topfit zu halten. Wie das funktioniert, versteht man am besten, wenn man sich vor Augen hält, warum unser Blutgefäßsystem auf einmal in die Jahre kommt.

Schlecht ergeht es dem Körper, wenn dieses Wundergeflecht von seiner Qualität einbüßt, wenn die Aderwände starr und hart werden und nicht mehr soviel Blut hindurch paßt, weil die Gefäße verengt sind. Dann wird der Körper nicht mehr ausreichend mit allem Nötigen versorgt, besonders der lebensnotwendige Sauerstoff kann nicht mehr in die Zellen gelangen. Ist der Blut-Engpaß erst einmal da, muß das Herz den Druck erhöhen, damit es noch genügend Blut durch die Adern pressen kann. Wird dies zum Dauerzustand, entsteht Bluthochdruck. Sind die Blutgefäße verengt, die das Herz selbst mit Sauerstoff versorgen sollen, geht unserer Lebenspumpe die Luft aus. Dann drohen schmerzhafte Angina-pectoris-Anfälle und schlimmstenfalls ein Herzinfarkt. Sitzt der Blutengpaß woanders, beispielsweise in der Halsschlagader oder gar im Gehirn, drohen Hirndurchblutungsstörungen und schlimmstenfalls ein Schlaganfall.

Unserem Körper geht es schlecht, wenn die Blutgefäße eng und starr werden.

Jeder zweite Einwohner einer Industrienation stirbt mittlerweile an einer Herz-Kreislauf-Erkrankung! Verständlich also, daß die Forschung auf Hochtouren nach Behandlungsmöglichkeiten gegen diese fatale Gefäßverengung sucht. Doch trotz aller medizinischen Fortschritte: Der Weisheit letzter Schluß steht noch aus. Was nützt schließlich ein

Medikament, das lediglich die Symptome bekämpft, wenn die eigentlichen Ursachen nicht behoben werden? Wie sagt der Volksmund so schön: Da wird das Pferd von hinten aufgezäumt. Keine Frage: Betablocker & Co. können einen erhöhten Blutdruck senken, aber die durch die Lebensweise bedingten Miturachen wie Bewegungsmangel, eine ungesunde Ernährungsweise und Streß beseitigen sie nicht. Prävention und Änderung des Lebensstils sind gefragt!

Genauso wenig wie es sinnvoll ist, nur auf ein Medikament zu setzen, bringt es etwas, sich einen einzelnen Nahrungsfaktor herauszugreifen und sich diesen dann rigoros zu verbieten. Wie viele Menschen sparen sich jeden Morgen ihr geliebtes Frühstücksei vom Munde ab, weil sie meinen, zuviel Cholesterin in der Nahrung sei schlecht für das Herz. Aber wieviel besser wäre es doch, mehr Herzschutzfaktoren zu essen: sekundäre Pflanzenstoffe, Ballaststoffe, einfache und mehrfach ungesättigte Omega-3-Fettsäuren und Antioxidantien wie die Vitamine C und E sowie die Mineralstoffe Magnesium, Kalium und Selen. Im Gegenzug: Sparen Sie bei gesättigten und gehärteten Fetten!

Die besten Mittel gegen Streß und Herz-Kreislauf-Erkrankungen: Mehr Bewegung und bewußt genießen.

Cholesterin – harmlos oder gefährlich?

Cholesterin hat in den letzten Jahren für mächtigen Wirbel gesorgt. Schadet es nun, oder ist es eher harmlos, müssen wir darauf achten, oder können wir nach Herzenslust in Eiern, Butter und Sahne schwelgen?

Studien dazu gibt es reichlich, allerdings auch genauso viele widersprüchliche Ergebnisse. An einem engen Zusammenhang zwischen den Blutcholesterinwerten und Herz-Kreislauf-Erkrankungen kommen die meisten aber nicht vorbei.

Denn auf der Suche nach der Ursache für die gefährliche Arterienverkalkung haben Mediziner in den dicken Belägen auf der Aderwand reichliche Mengen einer Substanz entdeckt, die sie fortan für den Schuldigen an der ganzen Misere erklärten: das Cholesterin. Hühnereier und Butter wurden zum Sargnagel umdeklariert, die Pharmaindustrie war schnell mit Medikamenten zur Hand, die den so gefährlichen Blutfettspiegel künstlich drosseln.

Bei der ganzen Cholesterin-Hysterie darf man eins aber nicht vergessen: Cholesterin ist eine körpereigene Substanz, die der Organismus selbst herstellt. Er braucht sie unter anderem zum Aufbau der Zellwände und von Hormonen, zur Herstellung von Vitamin D und zur Produktion von Gallensäuren. Dabei produziert der Körper täglich ein Vielfaches im Vergleich zu dem, was wir mit der Nahrung aufnehmen. Enthält diese viele gesättigte Fettsäuren (fettes Fleisch, fette Wurst, fetter Käse), treibt das den Cholesterinspiegel meist viel stärker in die Höhe als das darin enthaltene Cholesterin.

Niemand muß auf Eier verzichten! Gegen das heißgeliebte Frühstücksei oder einen knusprigen Pfannkuchen ist nichts einzuwenden, wenn das Maß stimmt. Und natürlich das gesamte persönliche Ernährungskonzept: fettarm, ballaststoffreich und voller Vitalstoffe.

Cholesterin ist nicht gleich Cholesterin

Daß das Cholesterin so pauschal nicht zu verteufeln sein könnte, stellten Fettforscher und Herz-Kreislauf-Experten fest. Deshalb interessierten sie sich für die Untergruppierungen des Cholesterins. Sie entdeckten, daß an den verengten Arterienwänden vor allem ein bestimmtes Cholesterin, das „LDL-Cholesterin" klebte. „LDL" steht für die englische Bezeichnung „low density lipoprotein", also eine chemische Verbindung mit geringer Dichte aus Eiweiß und Fett. Cholesterin löst sich nicht in Wasser. Damit diese Substanz also im Blut transportiert werden kann, muß sie eine chemische Verbindung eingehen, um dann als Gesamtkomplex im wässrigen Blut schwimmen zu können. In diesem Fall ist der Partner des Cholesterins ein Eiweißmolekül. Dies ist auch bei dem Gegenspieler des sogenannten „bösen" LDL-Cholesterins der Fall – dem „HDL-Cholesterin" („high density lipoprotein"). Allerdings ist die chemische Zusammensetzung eine andere.

Cholesterin ist eine körpereigene Substanz, die der Organismus braucht und selbst bildet. Statt Cholesterin zu verteufeln, kommt es auf die richtigen Schutzstoffe an.

Kleiner Unterschied, große Wirkung – denn die HDL-Fraktion nimmt freies Cholesterin auf, transportiert es ab und führt es der „Entsorgung" zu. Je mehr von dieser Müllabfuhr in unserem Blut herumschwimmt, desto besser. Dafür kann jeder eine ganze Menge tun: regelmäßigen Ausdauersport aber auch einfach und mehrfach ungesättigte Fettsäuren beeinflussen das Blutcholesterin, wobei besonders die einfach ungesättigten Fettsäuren das unerwünschte LDL, nicht aber den günstigen HDL-Spiegel senken.

Der Verzicht aufs Frühstücksei bringt also wenig, wenn der Speisezettel vor Fett nur so strotzt und wenig Vitalstoffe enthält. Gerade antioxidative Schutzstoffe können dem unerwünschten LDL-Cholesterin den Wind aus den Segeln nehmen. Denn dies ist besonders anfällig für freie Radikale – und das macht es erst richtig gefährlich.

So gilt das durch freie Radikale oxidierte LDL-Cholesterin als wesentlicher Risikofaktor für die Arteriosklerose. Aber das ist noch nicht alles.

Das Bild begann sich zu fügen, als 1990 der zweifache Nobelpreisträger Linus Pauling eine Theorie veröffentlichte, die die Entstehung von Arterienverkalkungen logisch erklärt.

Gesunde Blutgefäße mit Vitalstoffen

Wie gesagt: Cholesterin allein kann die Aderwände nicht verkleben. Professor Linus Pauling wies als erster darauf hin, daß das „klebrige" LDL-Cholesterin immer mit einer Substanz zusammen auftritt, die als der tatsächliche Arterienkleister gelten muß: dem sogenannten „Lipoprotein (a)", kurz Lp (a).
Dieses Lp (a) stellt der Körper selbst her. Er verwendet diesen Superkleber beispielsweise, um schnell Wunden zu schließen. Ist aber zuviel von dieser Reparatursubstanz im Blut vorhanden, schließt sie sich mit dem dort ebenfalls zirkulierenden Cholesterin zusammen und lagert sich an der Aderwand ab – die Arterienverkalkung beginnt.

Günstig für den Cholesterinspiegel: regelmäßiger Ausdauersport und einfach und mehrfach ungesättigte Fettsäuren.

Finger weg vom blauen Dunst! Jede Zigarette verbraucht Vitamin C, um die freien Radikale aus dem Zigarettenrauch abzufangen.

Der Körper produziert aber nur dann zuviel Lp (a), wenn er zuwenig Vitamin C zur Verfügung hat. Die beiden Substanzen haben die gleiche Wirkung und können sich gegenseitig ersetzen. Ein Beweis dieser These ist die Tatsache, daß nur drei Arten von Lebewesen Arterienverkalkung bekommen: Menschen, Meerschweinchen und Menschenaffen. Sie alle haben eines gemeinsam: Im Gegensatz zu allen anderen Lebewesen können sie Vitamin C nicht selbst herstellen und müssen es über die Nahrung zu sich nehmen. Füttert man Meerschweinchen mit Vitamin-C-armer Kost, verkleistern ihre Blutgefäße. Bekommen sie reichlich von diesem Vitalstoff, bleiben auch ihre Adern fit. Dasselbe gilt auch für den Menschen, haben

Studien gezeigt. Wer also genügend Vitamin C zu sich nimmt, schützt sich vor Arterienverkalkung und dem drohenden Herzinfarkt oder Schlaganfall.

Heute weiß man, daß ein hoher Blutspiegel an Lipoprotein (a) ein zehnfach höheres Herzinfarkt-Risiko birgt als ein hoher Cholesterinspiegel. Außerdem gibt es keine Beziehung zwischen dem Blutfettspiegel und dem Blutgehalt an Lp (a). Das heißt, auch wer einen hohen Cholesterinspiegel hat, hat nicht notwendigerweise auch ein höheres Infarkt-Risiko, wenn er dabei niedrige Lp (a)-Werte hat, und umgekehrt.

Bei der Arterienverkalkung wird uns ein körpereigener Superkleber zum Verhängnis.

Zu der Schlüsselrolle der freien Radikale bei der Entstehung von Herz-Kreislauf-Krankheiten paßt auch die Beobachtung, daß Rauchen ein Risikofaktor für die Entstehung von Herz-Kreislauf-Erkrankungen ist. Im Zigarettenrauch stecken viele freie Radikale, also aggressive Sauerstoffatome. Die muß der Körper irgendwie abfangen und setzt dazu den potenten Radikalenfänger Vitamin C ein. Dieser Vitalstoff verbraucht sich dabei, er steht dem Körper nicht mehr zur Verfügung – und der Organismus muß Lp (a) herstellen, was wiederum die Adern verklebt.

Radikalenfänger als Infarkt-Vorbeuger

Es gibt immer mehr Hinweise darauf, daß freie Radikale nicht nur als Vitamin-C-Fresser schuld an der Entstehung der Arterienverkalkung sind, sondern sie spielen auch noch eine andere fatale Rolle: Sie verändern das körpereigene LDL-Cholesterin so, daß das

Immunsystem es auf einmal für einen Fremdkörper hält und attackiert. Kommen freie Radikale mit einem LDL-Cholesterin-Molekül in Kontakt, reagieren sie sofort mit ihm. Dieses derart veränderte Cholesterinteilchen ist dann plötzlich ein rotes Tuch für bestimmte Mitspieler der Immunabwehr, die „Makrophagen".

Diese nehmen das veränderte Cholesterin in sich auf und werden so zu sogenannten „Schaumzellen", die sich an der Aderwand festsetzen können. Dort platzen sie und geben das LDL-Cholesterin frei. Dann bilden sich – zusammen mit dem Lipoprotein (a) – Beläge an der Gefäßwand, und der erste Schritt zur Arterienverkalkung ist getan.

Körpereigenes LDL-Cholesterin wird durch freie Radikale so verändert, daß es dadurch erst zu schädlichen Gefäßablagerungen führt.

Will man dem entgegenwirken, ist es klug, der chemischen Veränderung des LDL-Cholesterins vorzubeugen, denn dann kommt der Dominoeffekt gar nicht erst in Gang. Am besten ist es also, die freien Radikale abzufangen, bevor sie dem LDL-Cholesterinmolekül schaden können. Die wirkungsvollsten Radikalenfänger sind die Vitamine C und E, Beta-Karotin und Selen. Auch viele sekundäre Pflanzeninhaltsstoffe wie etwa Lignane oder Flavonoide gehören dazu.

Einen überzeugenden Beweis, wie wirksam eine gute Versorgung mit antioxidativen Schutzstoffen der Arterienverkalkung vorbeugt, liefert die Küche der Mittelmeerländer. Dort kommen reichlich Gemüse und Obst, Knoblauch, Kräuter, Vitamin-E-haltiges Olivenöl, Fisch und auch mal ein Glas Rotwein auf den Tisch. Lebensmittel also, die voller Antioxidantien stecken, die wiederum Herz und Gefäße schützen. Wie sehr, beweist die Statistik: Unsere südlichen Nachbarn leiden im Vergleich zu uns Nordeuropäern deutlich seltener an Herz-Kreislauf-Erkrankungen oder auch Krebs.

Foto: Project Photos

Die Griechen haben's raus: Sie kochen nicht nur lecker, sondern auch gesund.

Mit Folsäure auf „Gefäß-Gift"-Jagd

Es gibt eine Substanz, die das Herzinfarkt-Risiko ebenfalls steigert: das sogenannte „Homocystein", das die chemische Veränderung des LDL-Cholesterins durch freie Radikale fördert. Homocystein ensteht für einen kurzen Zeitraum im Körper. Es fällt als Zwischenprodukt an, wenn der Organismus die lebenswichtige Aminosäure Methionin zur Amino-

> *Folsäure und die Vitamine B$_6$ und B$_{12}$ halten den Homocysteinspiegel im Blut niedrig – und beugen so dem Herzinfarkt vor.*

säure Cystein umbaut. Den Umbau von Homocystein zu Cystein schieben bestimmte Enzyme an, für deren Aufbau der Körper Vitamin B$_6$, B$_{12}$, vor allem aber Folsäure benötigt. Fehlen diese Vitalstoffe, kann der Organismus das schädliche Homocystein nicht zu Cystein abbauen, es reichert sich im Körper an, und das Risiko für eine Herz-Kreislauf-Erkrankung steigt.

Volle Kraft voraus – dem Herzen zuliebe

So wichtig jede Einzelmaßnahme auch sein mag – ob Medikament oder Vitamin – erst ein Rundum-Schutzpaket hält Herz und Kreislauf so richtig fit. Das gilt für ein kombiniertes Bewegungs- und Ernährungskonzept, bei dem Spaß und Genuß nicht zu kurz kommen, genauso wie für die richtige Nahrungsergänzung. Wer sich zusätzlich etwas Gutes tun und seine Ernährung aufwerten möchte, schafft dies sicher nicht allein mit einer Extraportion Vitamin E oder Magnesiumtabletten. Erst die Vielzahl aller Vitalstoffe und eine gesunde Lebensweise schützen optimal.

Foto: Project Photos

Hoch hinaus mit dem richtigen Nährstoffmix. Wer sportlich auf Hochtouren kommt, braucht mehr: Energie, Eiweiß, manche Vitamine und Mineralien – vor allem aber auch eine ausreichende Portion Pflanzenschutzstoffe.

Pflanzenpower
für Sportler

Ohne Benzin macht das beste Auto schlapp. Je voller der Tank, desto weiter fährt es. Aber was nützt ein gut gefüllter Tank – wenn schlechter Sprit den Motor zum Stottern bringt oder nicht genug Öl da ist, um vor Verschleiß zu schützen?

Ähnlich geht es dem Sportler: Wer seinen Organismus auf Hochtouren bringt, braucht auch eine entsprechende Hochleistungskost, muß also Super tanken. Denn Fitnessfreaks setzen mehr Energie um – entsprechend mehr Nährstoffe benötigen sie auch.

Spezial: Fitmacher-Nährstoffe für Sportler

– Kohlenhydrate als Energiespender

– Eiweiß für den Muskelaufbau

– B-Vitamine für den Energie- und Aufbaustoffwechsel

– Magnesium und Kalium für Nerven und Muskeln

– Zink, Selen und Omega-3-Fettsäuren für ein starkes Immunsystem

– Antioxidative Schutzstoffe (Vitamine, Spurenelemente, sekundäre Pflanzenstoffe aus Obst und Gemüse)

Gerät das Nähr- und Vitalstoffkonto ins Minus, fällt nicht selten auch die Leistung ab. Dazu muß man

Ein optimaler Nährstoffmix hält fit und gesund.

nicht unbedingt Spitzenathlet sein – aber sportlich Aktive bekommen einen Mangel eher zu spüren als Bewegungsmuffel.

Doch nicht nur der richtige Nährstoffcocktail ist wichtig, damit Zeiten & Weiten stimmen. Je intensiver der Körper auf Trab kommt, desto größer ist die Gefahr, daß freie Radikale entstehen. Umso mehr müssen Sportler dafür sorgen, daß genügend antioxidative Schutzstoffe „Bereitschaftsdienst" haben, um Attacken auf Zellen und Muskeln abzuwenden.

Wie sehr ein optimaler Nährstoffmix Fitness und Gesundheit in Schwung bringt, stellten die Trainer der Tauberbischofsheimer Fecht-Elite ebenso an ihren Schützlingen fest wie die Coachs des Olympiastützpunktes Oberwiesenthal/Chemnitz/Dresden. Sie machen unter anderem die Skifahrer für die Nordische Kombination und die Damen des Deutschen Ski-Langlauf-Teams fit.

Daß Sportler offensichtlich mehr Schutz durch Vitalstoffe brauchen, zeigte sich nicht nur in Metern und Sekunden: Die Sportler, die Vitalstoffpräparate bekamen, waren endlich die häufigen Erkältungen und Infektionskrankheiten los, die – erstaunlicherweise – viele Athleten überdurchschnittlich häufig erwischen. Sportmediziner erklären sich dies damit, daß körperlich sehr Aktive eben mehr Vitalstoffe zur Verminderung der belastungsbedingten Muskelstreß- und Entzündungsreaktionen benötigen, die sie sonst auch zum Schutz ihres Immunsystems verwenden. Besonders wichtig: Antioxidantien, Zink und Omega-3-Fettsäuren.

Wieviel die Vitalstoff-Forschung den Sportlern noch zu bieten hat, zeigen auch die neuesten Forschungsergebnisse aus den USA, die sich mit dem sogenannten „Crosslinking" beschäftigen. „Linking" bedeutet soviel wie „zusammenhalten" oder „zusammenbinden", „cross" heißt nichts anderes als „über Kreuz". Amerikanische Forscher haben jetzt eine Substanz ausgemacht, die in unserer modernen, verschmutzten Umwelt quasi überall vorkommt und die ein solches Crosslinking im Körper verursachen kann: Die Aldehyde. Sie stecken im Zigarettenrauch, in den Ausdünstungen von Möbeln oder in Abgasen.

Atmet man sie ein, können sie durch ihre besondere chemische Struktur körpereigene Substanzen miteinander verkoppeln, die eigentlich gar nichts miteinander zu tun haben. So verketten sie beispielsweise Eiweiße, die so eine immer längere Kette bilden – und schließlich ein Netz relativ starrer, unflexibler Strukturen. Das ist natürlich nichts, was sich ein beweglicher Sportler für seine dehnbaren Muskeln wünscht. Aber auch für sportlich weniger Aktive ist dies wenig wünschenswert: Crosslinker können beispielsweise auch andere Zellbestandteile wie die Erbsubstanzen miteinander verkoppeln.

Crosslinker binden im Körper zusammen, was gar nicht zusammen gehört.

Vor diesen kontaktfreudigen Gesellen schützen wiederum Vitalstoffe. Sie besetzen die freien Stellen an den Enden der Aldehyde, mit denen sie sonst beispielsweise zwei Eiweiße packen. Vor allem Vitamin E, Beta-Karotin, die gesamten B-Vitamine, Selen, Magnesium und Zink schützen davor. Einen besonders guten Cross-Linking-Schutz bieten die sekundären Pflanzeninhaltsstoffe. Dazu gehören unter anderem die Schwefelverbindungen im Schnittlauch und in der Zwiebel. Auch die Flavonoide in Hagebutten, Holunderbeeren und Heidelbeeren bieten Schutz. Und die Karotinoide aus dem Super-Brokkoli sind gleichfalls gute Kämpfer gegen die Aldehyde.

Allerdings sind nur frisches Obst und Gemüse – auch tiefgefroren – oder schonend konzentrierte und eingedickte Frischpflanzenextrakte wirksam. Denn bei der Herstellung von Pulvermischungen aus Obst und Gemüse besteht eher die Gefahr, daß es den sensiblen Vitaminen und sekundären Pflanzenstoffen an den Kragen geht.

Vitalstoffe: Auch gut für Hirnjogger

Auch geistige Schwerarbeiter brauchen eine Hochleistungskost.

Von einer richtigen Fitnessernährung profitieren allerdings nicht nur Sportler, sondern auch Gehirnjogger, bei denen es auf einen klaren Kopf und gute Nerven ankommt. Denn mit Kohlenhydraten als Energiequelle können sowohl Muskeln als auch Gehirn- und Nervenzellen am besten arbeiten – vorausgesetzt, daß auch das Vitalstoffangebot stimmt.

Eben weil das Gehirn auf die Zuckerverbrennung als Energielieferanten angewiesen ist, reagiert es besonders empfindlich auf Schwankungen im Blutzuckerspiegel – sinkt dieser allzu tief, kommt es zu Müdigkeit und Konzentrationsverlusten. Beste Vorsorge: richtig über den Tag verteilte Mahlzeiten mit reichlich komplexen Kohlenhydraten, beispielsweise aus Vollkornprodukten, Obst und Gemüse, und eine gute Chromversorgung. Denn auch dieses Spurenelement hält den Blutzuckerspiegel konstant. Es nützt aber die beste Energieversorgung nichts, wenn die Hirnnerven nicht richtig arbeiten können. Auch hier helfen Vitalstoffe eindrucksvoll. Das beste Beispiel ist das Lecithin, das der Körper selbst bildet, das aber auch in der Nahrung vorkommt.

Lecithin ist eine fettähnliche Substanz, die unter anderem Cholin enthält. Cholin hingegen ist wichtig für das schnelle Hin- und Herflitzen von Informationen zwischen den Nervenzellen.

Unsere Nervenzellen sind nicht miteinander verwachsen, sondern sie enden nach einer kurzen Strecke. Dann beginnt ein neuer Nerv. Die Spalte zwischen beiden Nervensträngen überbrücken Botensubstanzen, die von einem Strang zum anderen sausen und die Information mitnehmen.

Eine dieser Botensubstanzen ist das Acetylcholin – eine Verbindung, die Cholin enthält. Fehlt Cholin, kann auch die Informationsvermittlung im Gehirn nicht richtig ablaufen. Studien haben bewiesen, daß es Menschen deutlich besser ging, die bei einem Mangel gegen ihre Konzentrationsschwäche oder Hirnleistungsstörungen Cholin zu sich nahmen.

Gerade das Gehirn ist auf eine kontinuierliche Energieversorgung angewiesen.

Gestreßten Managern oder schlaflosen, erschöpften Müttern hingegen fehlt nicht immer gleich Cholin, wenn es mal mit der Konzentration nicht klappt. Der Griff zur Kaffeetasse ist dann nur allzu verführerisch, wenn die Augenlider zur Unzeit schwer werden. Doch die

Mate-Tee macht fit – und das für Stunden.

Kehrseite der Medaille Kaffee ist hinlänglich bekannt: Das darin enthaltene Koffein macht müde Menschen zwar schnell wieder munter, die Wirkung läßt aber im Vergleich zum Tee relativ rasch wieder nach. Empfindliche Zeitgenossen kann Kaffee jedoch durchaus über einige Stunden ankurbeln, die Tasse Kaffee am späteren Nachmittag wird dann zum Schlafverhinderer am Abend. Wer diese „Nebenwirkungen" von Kaffee fürchtet, für den hält die Natur auch noch andere Pflanzenwirkstoffe bereit, die leicht anregen, gleichmäßig wirken und gleichzeitig auch noch eine ausgleichende und stabilisierende Wirkung auf die Psyche haben. Nur gibt es diese eben nicht im Kaffeegeschäft um die Ecke. Gemeint ist der leider immer seltener gewordene „Mate", eine Teesorte, die diese Eigenschaften in sich vereint.

Foto: MAURITIUS

Auf dem besten Weg zur Zuckerkrankheit: Fehlernährung und Übergewicht sind die häufigsten Ursachen. Die Weltgesundheitsorganisation befürchtet: Bis zum Jahr 2025 wird sich die Zahl der Diabetiker mehr als verdoppeln.

Kein Zuckerschlecken – Diabetes

„Ich habe Zucker." Rund fünf Millionen Deutsche müssen abwinken, wenn man sie mit Torten oder Gebäck verwöhnen will. Bei ihnen funktioniert die Regulation des Blutzuckerspiegels nicht mehr richtig, entweder weil ihre Bauchspeicheldrüse nicht mehr ausreichend Insulin herstellen kann (Typ-I-Diabetes) oder aber weil das Insulin nicht richtig wirken kann (Typ-II-Diabetes). Insulin ist ein Hormon, das die Wände der Körperzellen für den Blutzucker durchlässig macht. Gibt es zuwenig davon oder kommt es nicht zum Zuge, kann der Körper den Zucker nicht verwerten – denn die Energiegewinnung läuft ja in den Zellen ab –, und außerdem sammelt sich der Zucker in der Flüssigkeit zwischen den Zellen.

Wer abspeckt und sich gesund ernährt, hat den ersten Schritt zur Diabetes-Vorsorge bereits getan.

Dort brechen aber keineswegs „süße Zeiten" an. Durch die unnormal hohe Zuckerkonzentration geraten viele Stoffwechselvorgänge aus der Bahn. Deshalb leiden Diabetiker häufig auch gleich an einer ganzen Reihe anderer Krankheiten wie Durchblutungsstörungen oder Herz-Kreislauf-Erkrankungen.

Die meisten Zuckerkranken sind sogenannte „Typ-II-Diabetiker". Deren größtes Problem ist das Übergewicht, rund 80 Prozent von ihnen bringen deutlich zu viele Pfunde auf die Waage.

Dies wiederum erschwert dem Insulin die Arbeit. Es ist zwar da, kommt aber nicht zum Zuge. Denn jahrelanges Übergewicht hat ihm den Arbeitsplatz „wegrationalisiert" – die Stellen, an denen das Insulin an der Zelloberfläche „andockt", um die Zellen für die Zuckerverwertung aufzuschließen. Abspecken – mit einer fettarmen und ballaststoffreichen Diät – ist daher das A und O. Zusammen mit einem leichten Bewegungsprogramm hat schon so mancher Typ-II-Diabetiker auf diese Weise seinen Stoffwechsel wieder ins Lot gebracht.

Zuckerkranke leiden häufig auch noch an anderen Krankheiten wie Durchblutungsstörungen oder Nierenschäden. Vitalstoffe beugen vor.

Vitalstoffe: Die Schutztruppe für Diabetiker

„Deutschland steckt bei der Diabetesbehandlung im Gegensatz zu den USA noch in den Kinderschuhen", kritisierte kürzlich der Wiesbadener Diabetesexperte Professor Dr. Günter Sachse. Jenseits des Atlantiks setzt man schon lange auf antioxidative Vitalstoffe, um Zuckerkranke vor freien Radikalen zu schützen. Unter ihnen leiden Diabetiker gleich doppelt: Einerseits läßt die Erkrankung selbst die aggressiven Sauerstoffverbindungen entstehen, andererseits enthält ein strenger Diätplan häufig viel zu wenige Schutzstoffe als Radikalenfänger. Gerade davon braucht ein Diabetiker aber eine gute Portion, denn sie helfen zu verhindern, daß sich nach und nach die gefürchteten Diabetes-Folgekrankheiten einstellen wie Herz-Kreislauf-Erkrankungen, Durchblutungsstörungen, Nierenschäden oder Sehkraftverlust.

Um diesen gefürchteten Komplikationen vorzubeugen, sollte eine besonders schlagkräftige Schutztruppe aus Vitamin C, E, Beta-Karotin und Selen gegen die freien Radikale antreten.

Denn eines ist sicher: Die Versorgung eines Diabetikers mit Vitalstoffen erfordert ein besonders ausgeklügeltes Rezept. Zuckerkranke benötigen aufgrund ihres außergewöhnlichen Vitalstoffbedarfs nicht nur ein oder zwei Vitamine oder Spurenelemente, sondern quasi die ganze Bandbreite der heute bekannten und wirksamen Vitamine, Mineralstoffe und Spurenelemente.

Freie Radikale schädigen die Zellen, die Insulin produzieren.

Doch entsprechende neue, internationale Studienergebnisse finden hierzulande immer noch zu selten Beachtung.

Chrom macht Zucker verträglich

Haben die insulinproduzierenden Zellen in der Bauchspeicheldrüse erst einmal Schaden genommen, läßt sich die Produktion dieses wichtigen Hormons nicht mehr ankurbeln. Trotzdem kann man dem Körper beim Zuckerstoffwechsel helfen.

Ein ganz wichtiger Faktor bei der Blutzuckerregulierung ist auch das Spurenelement Chrom, das der

Körper für den Aufbau des sogenannten „Glukose-Toleranz-Faktors" (GTF) braucht. Noch ist längst nicht alles über diese Verbindung bekannt, sicher ist aber, daß der Körper sie ebenfalls braucht, um die Wirkung des Insulins richtig zu entfalten und so den Blutzuckerspiegel zu regeln. Häufig fehlt Diabetikern nicht nur Insulin, sondern auch gleichzeitig Chrom. Dann gerät ihr Blutzuckerspiegel auch deshalb durcheinander, weil sie den GTF nicht richtig bilden können. Bei vielen Diabetikern verbessert sich der Blutzuckerwert, wenn sie ausreichend mit Chrom versorgt sind. Das haben mehrere Studien ergeben.

Der „Glukose-Toleranz-Faktor" macht das verbliebene Insulin effektiver.

Besonders günstig ist die Wirkung des Chroms, wenn es mit Zink kombiniert wird. Warum, dazu forschen die Wissenschaftler noch. Sicher ist aber, daß Zink auch noch weitere sehr günstige Wirkungen hat, die Diabetiker dringend brauchen.

Zink hilft heilen

Zink ist für die Wundheilung wichtig. Fehlt dieses Spurenelement, kann sich die Haut nicht richtig regenerieren. Die Wundheilung ist bei Diabetikern häufig ohnehin schlechter als normal, weil ihre Haut nicht mehr so gut durchblutet ist. Deshalb ist kaum etwas bei Diabetikern so gefürchtet wie eine schlecht heilende Wunde, etwa am Bein oder am Fuß. Unter Umständen kann eine solche Wunde über Wochen oder Monate offen bleiben und sich dann entzünden. Im aller-

schlimmsten Fall müssen dann die Ärzte den verletzten
Fuß oder das Bein amputieren. Deshalb ist es für einen
Diabetiker besonders wichtig, alles für eine gute und
schnelle Wundheilung zu tun.

*Zuckerkranke brauchen die
ganze Bandbreite aller heute
bekannten Nähr- und Vitalstoffe.
Und davon reichlich.*

Foto: MAURITIUS

Gut gerüstet gegen Krebs: Vitalstoffe helfen dabei.

Starke Waffen gegen Krebs

Krebs ist in den westlichen Industrieländern die zweithäufigste Todesursache, 60 Prozent aller Erkrankungen gehen auf das Konto einer falschen Ernährungsweise.

Angesichts derart erschreckender Zahlen arbeitet die Forschung auf Hochtouren. Dabei interessieren sich

Spezial: Was schützt und was schadet

Risikofaktoren

- übermäßige Nahrungsenergiezufuhr
- hoher Anteil tierischer Fette
- Alkohol
- krebserregende Substanzen

- – Umweltschadstoffe
- – Tabakrauch
- – durch Verderb entstehende Schadstoffe, z. B. Schimmelpilzgifte
- – Schadstoffe, die bei der Zubereitung von Lebensmitteln entstehen, z. B. polyzyklische aromatische Kohlenwasserstoffe (PAK)

Schutzfaktoren

- antioxidative Vitamine
- antioxidative Spurenelemente
- Ballaststoffe
- Substanzen in fermentierten Lebensmitteln

Krebs ist möglicherweise mehr durch zu wenig Schutzstoffe als nur durch Schadstoffe bedingt.

die Wissenschaftler nicht nur dafür, welche Substanzen in unserer Nahrung und Umwelt krank machen, sondern vor allem für jene, die vor Krebs schützen können. Auch im Ernährungsbericht 1996 der Deutschen Gesellschaft für Ernährung (DGE) wird diskutiert, ob die Zunahme ernährungsbedingter Tumore nicht eher durch einen Mangel an Schutzstoffen als durch das Vorkommen krebsauslösender Substanzen in der Nahrung bedingt ist. Denn es wird immer deutlicher: Vitamine, Mineralstoffe, Ballaststoffe, sekundäre Pflanzenstoffe und Milchsäurebakterien können auf fast jeder Stufe hemmend in die Krebsentwicklung eingreifen und möglicherweise die Krankheit schon im Ansatz verhindern.

Spezial: Ein Blick in die Naturheilkunde: Schafs- und Stutenmilch bei Allergien

Naturheilkundler schätzen die positive Wirkung von Stuten- und Schafsmilch bei Allergien. Denn beide Milcharten – aufkonzentriert durch verschiedene Verfahren – enthalten Immunglobuline. Dies sind spezielle Eiweißverbindungen, die bei der Immunabwehr eine wichtige Rolle spielen. Das Immunglobulin IgG bekämpft Infekte, das IgA wehrt Keime an den Schleimhäuten (Nase, Atemwege, Darm) ab. Die Immunglobuline IgM und IgE schalten Antigene aus, diejenigen „Fremdkörper", die letztlich eine allergische Reaktion auslösen. Gerade dieses starke Doppelpack kann daher bei Allergien helfen.

Vitalstoffe: Pannenwächter bei der Zellteilung

Der wirksamste Krebsschutz setzt da an, wo Tumore entstehen: in jeder einzelnen Körperzelle. Eine normale, gesunde Körperzelle wird erst dann zur Krebszelle, wenn im Zell-Stoffwechsel Fehler passieren. Gefährlich wird es vor allem, wenn die Erbinformation der Zelle Schaden nimmt, beispielsweise durch aggressive freie Radikale, die mit dieser zentralen Schaltstelle der Zelle reagieren. Die Erbinformation, auch kurz DNS („Desoxyribonukleinsäure"), ist wie ein Buch. Es enthält alle Informationen, die zur Herstellung einer neuen Körperzelle gebraucht werden. Man muß sich vorstellen: In jeder Körperzelle ist der komplette Bauplan für den gesamten Organismus einmal enthalten. Wollte man ihn auf Papier bannen, bräuchte man dafür etwa 1.000 Bücher mit je 1.000 Seiten. Jedesmal, wenn sich eine Zelle teilt, muß dieser gesamte Plan einmal komplett abgeschrieben werden, damit ihn auch die neue Zelle wieder zur Verfügung hat.

Jede einzelne Zelle enthält unglaubliche Datenmengen. Um sie auf Papier zu bannen, bräuchte man etwa 1.000 Bücher mit rund 1.000 Seiten.

Hat vor der Zellteilung die Erbinformation etwa durch freie Radikale Schaden genommen, kann sich bei der Kopierung auf einmal ein Fehler einschleichen. Dann entsteht eine Zelle, die im Erbgut eine falsche Programmierung hat. Im einfachen Fall ist sie damit nicht einmal lebensfähig und stirbt ab.

Schlimmer ist es, wenn der Schaden sich immer weiter fortpflanzt, weil diese veränderte Zelle sich immer weiter teilt. Dann kann Krebs entstehen.

Der wichtigste Krebsschutz ist es also, die Erbsubstanz mit Schutzstoffen vor freien Radikalen zu schützen. Zu diesen Radikalenfängern gehören etwa Vitamin C, E, Beta-Karotin, aber auch das Spurenelement Selen und viele sekundäre Pflanzeninhaltsstoffe (siehe Tabellen Seite 108, 109). Auch Milchsäurebakterien können bösartige Tumore ausbremsen, besonders in ihrer Entstehungsphase. Neben Joghurt bringen Sauerkraut oder milchsauer vergorener Rote-Bete-Saft am meisten. Besonders gute Ergebnisse von der Bundesforschungsanstalt für Ernährung liegen zu Dickdarmkrebs vor.

Schubkraft für das Immunsystem

So schrecklich es klingt: In jedem Körper entstehen täglich mehrere Krebszellen – nur heißt dies nicht gleich, daß man auch wirklich krank wird. In der Regel erkennen bestimmte Mitspieler des Immunsystems diese krankhaft veränderten Zellen und vernichten sie. Um optimal funktionieren und immer Gewehr bei Fuß stehen zu können, braucht das Immunsystem allerdings eine gute Versorgung mit allen wichtigen Vitaminen, Mineralstoffen und Spurenelementen. Und das weiß im Prinzip auch jeder: Es ist ein alter Hut, daß Vitamin C Erkältungen vorbeugt. Aber auch Vitamin E, D, die B-Vitamine, Folsäure, Beta-Karotin, Zink, Selen, Eisen und Kupfer stärken das Immunsystem. Amerikanische

Wenn Krebs entsteht, hat das Immunsystem versagt.

Forscher verglichen die Immun-Werte von augenscheinlich Gesunden, denen sie keine zusätzlichen Vitalstoffe verabreichten, und von Menschen, die ein Jahr lang eine sehr ausgewogene Nahrungsergänzungsmischung erhielten.

Wer sein Immunsystem aufpeppen will, sollte nicht nur auf ein oder zwei einzelne Vitamine setzen.

Das Ergebnis war eindeutig: Im Blut der Personen, die die Vitalstoffe erhielten, fanden die Forscher viel größere Mengen derjenigen Antikörper und Abwehrstoffe, die ein funktionierendes Immunsystem braucht. Und dies war nicht nur für die Wissenschaft interessant: Auch in der Praxis profitierten die mit Vitalstoffen Gutversorgten davon: Sie hatten in diesem Jahr wesentlich weniger Erkältungen und andere Krankheiten; unter anderem brauchten sie wesentlich weniger Antibiotika als diejenigen, die keine Vitalstoff-Mischung erhalten hatten.

Es gibt noch viele andere Studien zum Zusammenhang zwischen einer sicheren Vitalstoff-Versorgung und einem funktionierenden Immunsystem. Eines jedoch ist klar: Soll das körpereigene Abwehrsystem optimal funktionieren, ist es nicht sinnvoll, nur auf ein oder zwei Vitamine zu schwören. Zu komplex sind hierfür die Vorgänge, die bei der Bildung von Immunzellen ablaufen. Hierzu sind fast alle Vitalstoffe nötig, die wir heute kennen – und zwar alle in einer ausgewogenen Menge, so wie sie in einer gemüse-, obst- und getreidebetonten Ernährung vorkommen.

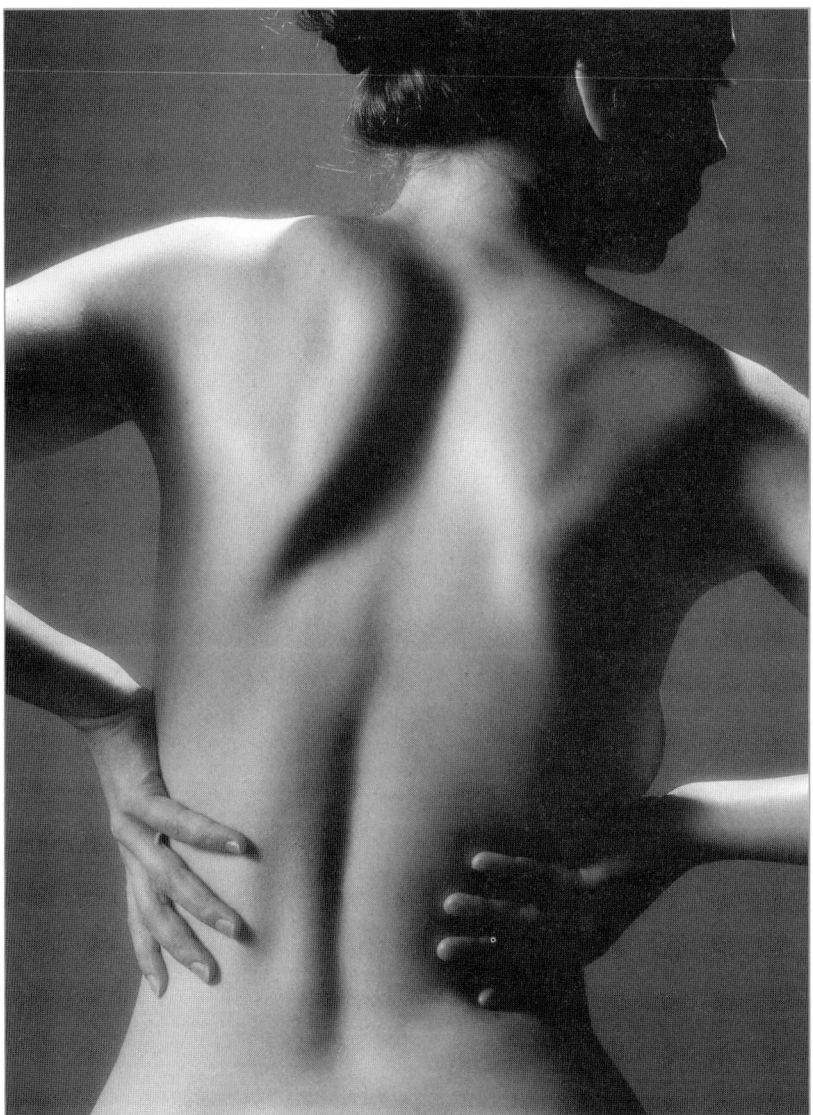

Foto: MAURITIUS

Rheuma trifft beileibe nicht nur Ältere. Selbst Kinder leiden bereits darunter.

Volkskrankheit Rheuma

Für etwa eine Million Deutsche ist jeder Morgen ein echter Alptraum. Sie plagen heftige Gelenkschmerzen, der Gang ins Bad wird zur Qual: Sie haben Rheuma. Das Wort „Rheuma" kommt aus dem Griechischen und bedeutet „fließen", umschreibt also die „fließenden" Schmerzen, über die die Betroffenen häufig klagen. Der Begriff Rheuma umfaßt medizinisch gesehen eigentlich gleich eine ganze Reihe von Krankheiten; sie alle haben eines gemeinsam: Krankhafte Veränderungen des Muskel- oder Skelettsystems – also des Bewegungsapparates – plagen den Betroffenen.

Wer „Rheuma" sagt, meint im allgemeinen aber die wohl häufigste Form, die „chronische Polyarthritis", also die dauerhafte Entzündung mehrerer Gelenke.

Entzündungen sind eigentlich etwas Sinnvolles. Beim Rheuma allerdings läuft die Immunabwehr Amok.

Normalerweise hat eine Entzündung im Körper eine erkennbare Ursache. Beispielsweise bei einer entzündeten Wunde, in die Bakterien gelangt sind. Dann hat die Entzündung eine klare Aufgabe: Die entzündete Stelle wird besser durchblutet, dadurch können über das Blut schneller viele Abwehrkörper an die verletzte Stelle gelangen und auf die Eindringlinge losgehen.

Beim Rheuma aber wendet sich der Körper auf einmal gegen sich selbst: Körpereigene Abwehrstoffe attackieren die Gelenke, eine Entzündung entsteht.

Mit einer wohldosierten Bewegungstherapie läßt sich Rheuma lindern. Omega-3-Fettsäuren und verschiedene Vitamine und Spurenelemente helfen dabei.

Der Grund für diesen fatalen Irrtum des Immunsystems ist noch nicht bekannt. Die Ernährung kann sowohl die Entstehung als auch den Verlauf rheumatischer Krankheiten mitbeeinflussen. Positiv wirken sich ein vegetarischer Ernährungstrend und eine Verminderung der Arachidonsäureaufnahme aus tierischen Lebensmitteln (z. B. Schweinefleisch) aus. Ebenso haben gleich mehrere Studien gezeigt, daß Vitalstoffe wie Vitamin E und Omega-3-Fettsäuren bei der Rheumabehandlung herkömmlichen Rheumamitteln durchaus ebenbürtig sind.

Fettsäuren halten beweglich

Der Grund für die Rheuma-Entstehung ist wie gesagt bislang unentdeckt. Will man Rheuma vorbeugen beziehungweise behandeln, muß man versuchen, die Entzündungsbereitschaft des Körpers so niedrig wie möglich zu halten. Die Entzündung wird vor allem über bestimmte Botenstoffe im Körper geregelt, die den

Organismus in diesen Alarmzustand versetzen können. Derartige entzündungsfördernde Botenstoffe entstehen aus einem Nahrungsbestandteil, der vor allem im Fleisch steckt: der Fettsäure Arachidonsäure. Es ist schon lange bekannt, daß eine relativ fleischarme Ernährung eine gute Vorbeugung gegen Rheuma ist. Rheumatiker berichten immer wieder, daß es ihnen besser geht, wenn sie sich fleischlos ernähren, während einer Fastenperiode bessern sich ihre Schmerzen häufig deutlich.

Seitdem die Arachidonsäure als Mitübeltäter bei der Rheumaentstehung ausgemacht ist, konzentriert sich die Rheumabehandlung darauf, mit Medikamenten die Entstehung der entzündungsvermittelnden Substanzen aus der Arachidonsäure zu verhindern.

Das gleiche leisten auch Vitalstoffe, von denen wir leider viel zuwenig zu uns nehmen: die Omega-3-Fettsäuren. Diese Vitalstoffe stecken beispielsweise im pflanzlichen Hagebuttenkernöl, Lein- und Rapsöl oder auch im Fischöl. Bezeichnenderweise kennen natürlich lebende Eskimos kein Rheuma, denn auf ihrem Speiseplan steht viel fetter Seefisch. Omega-3-Fettsäuren helfen gleich auf zwei Arten gegen Entzündungen. Sie werden im Körper in entzündungshemmende und nicht in entzündungsfördernde Substanzen umgebaut.

Bestimmte Fettsäuren drosseln die Entzündungsbereitschaft des Körpers.

Je mehr Omega-3-Fettsäuren vorhanden sind, desto mehr entzündungshemmende Substanzen zirkulieren auch im Blut.

Um sie in entzündungshemmende Substanzen umzubauen, benutzt der Körper die gleichen Enzyme

wie zum Umbau der Arachidonsäure in entzündungsfördernde Substanzen. Das heißt also, je mehr Omega-
3-Fettsäuren er gerade umbauen muß, desto mehr
Enzyme sind gerade „besetzt" und stehen für den
Aufbau entzündungsfördernder Substanzen nicht zur
Verfügung – so können also gleichzeitig auch nur
weniger davon entstehen. Zur Rheumavorbeugung und
-behandlung bietet sich also eine Ernährung an, die
besonders reich an Omega-3-Fettsäuren ist.

Spezial: So bekommen Sie Ihr richtiges Fett weg

Zum Braten, Kochen und für Salate: Olivenöl, Rapsöl,
Walnußöl, Sojaöl

Brotaufstrich: Butter (dünn bestrichen)

Dazu: 2 x pro Woche Fisch, am besten Lachs, Makrele,
Hering, Sprotte

Weitere gute pflanzliche Quellen für Omega-3-
Fettsäuren: Hagebuttenkernöl, Leinöl und das Öl der
japanischen Perillapflanze

Trumpfkarte Vitamin E

Auch ein Vitamin kann Rheumakranken helfen: das
Vitamin E. Es gibt heute bereits viele Studien, die zeigen, daß es der Entstehung von Rheuma vorbeugt. In
einigen Untersuchungen war hochdosiertes Vitamin E
in seiner Wirkung „normalen" Anti-Rheumamitteln
ebenbürtig.

Am besten wirkt Vitamin E gegen Rheuma, wenn es
mit Vitamin C, Beta-Karotin und den Spurenelementen Mangan, Zink, Selen und Kupfer kombiniert wird.
Sie alle verstärken ihre Wirkung gegenseitig.

Antioxidative Schutzstoffe bei Rheuma sind nach dem heutigen Stand der Wissenschaft ein schon fast unabdingbares Element einer sinnvollen Therapie. Eines müssen Sie dabei jedoch bedenken: Erwarten Sie von Omega-3-Fettsäuren, Vitaminen und Spurenelementen keine Wunder.

Es dauert in der Regel vier Wochen bis drei Monate, bis sich ein spürbarer Erfolg einstellt. Bei schwerem Rheuma werden außerdem wohl auch andere Heilmethoden nötig sein, etwa Schmerzmittel und vor allem Bewegungstherapie.

Keinesfalls sollten Sie auf eigene Faust eine Therapie abändern oder plötzlich Medikamente nicht mehr nehmen, die Ihnen Ihr Arzt verschrieben hat. Wenn Sie beispielsweise durch eine sinnvolle Vitalstofftherapie weniger Schmerzen verspüren, sprechen Sie mit Ihrem Arzt und beraten Sie mit ihm eine eventuelle neue Dosierung Ihrer Medikamente.

Erwarten Sie beim Rheuma von einer Vitalstoff-Therapie nicht sofort Wunder. Es dauert in der Regel einige Wochen, bis sich ein Erfolg zeigt.

Mit Brennessel gegen den Schmerz

Auch Pflanzen helfen, Rheumaschmerzen zu lindern. Eine neue Studie der Universität Halle hat ergeben, daß Brennesselextrakte die Bildung von bestimmten Körpersubstanzen drosseln, die beim Rheuma die Entzündungsreaktion vorantreiben und die Gelenke attackieren. Die Pflanzenextrakte sorgten dafür, daß sich die Beweglichkeit der Betroffenen, die an der Studie teilnahmen, um etwa die Hälfte besserte, die Steifheit der Gelenke nahm gleich um rund 70 Prozent ab. Das ist teilweise mehr, als „normale" Medikamente erreichen.

Was also tun?

„… warum Vollwerternährung leider nicht mehr reicht", lautet der Untertitel dieses Buches. Viele Leser haben mir geschrieben, mich für das Buch selbst zwar gelobt – gescholten aber dafür, daß ich ja wohl augenscheinlich nur ein Produkt verkaufen will und alles wäre in Ordnung. Das ist falsch.

Richtig ist, daß eine vitalstoffreiche vollwertige Ernährung die Basis unserer Gesundheit ist. Ohne sie geht es nicht und ohne sie kann auch die beste Vitalstoffergänzung nur wenig ausrichten. Wer also meint, mit Hilfe von Vitaminpillen weiter dem Fast-Food oder allzu fettreicher Ernährung frönen zu können, ist auf dem falschen Dampfer.

Über die Vollwerternährung gibt es aber bereits viel schlauere Bücher, als ich schreiben könnte. Dazu kann ich Ihnen beispielsweise das Buch von Professor Werner Kollath „Die Ordnung unserer Nahrung" oder das Buch „Vollwert-Ernährung" von Koerber/Männle/Leitzmann empfehlen.

Richtig ist aber auch, daß eine Vollwerternährung eben heute nicht mehr ausreicht. Das ist meine Meinung, die ich mir aus langer wissenschaftlicher Beschäftigung mit dem Thema gebildet habe.

Deshalb – und das ist ja auch sehr offensichtlich – rede ich mit meinem Buch einer sinnvollen Nahrungsergänzung das Wort. Aber nicht deshalb, weil ich Ihnen damit einzig und allein meine Rezeptur andrehen will. Wichtig ist zunächst, daß ich Ihnen vermitteln möchte, wie eine Vitalstoffergänzung aussehen muß und was sie leisten kann.

Natürlich habe ich mir zu einer sinnvollen Vitalstoffergänzung auch Gedanken gemacht und eine Rezeptur entwickelt, eine Bezugsquelle ist hinten im Buch ja angegeben. Alle darin enthaltenen Vitalstoffe bekommen Sie aber genauso in jedem gutsortierten Reformhaus, vieles auch in Apotheken oder aber aus einem gut gefüllten Obst- und Gemüsekorb vom Wochenmarkt oder Gemüsehändler, keine Frage.

Der einzige Unterschied ist der, daß ich meine Rezeptur ganzheitlich und umfassend gestaltet habe. Ihre Einkaufsliste für das Reformhaus oder die Apotheke wäre also ziemlich umfangreich – machbar ist es aber.

Also noch einmal: Ohne Vollwerternährung geht es nicht, ohne eine sinnvolle Vitalstoffergänzung aber auch nicht, meine ich. Jetzt alles klar?

Herzlichst, Ihr

[Unterschrift]

So viele Vitalstoffe brauchen Sie in jedem Fall

Vitamine	Empfehlung in mg/Tag
Vitamin C	75
Vitamin E	12
Beta-Karotin	2
Niacin	15 (F)–20 (M)
Pantothensäure	8
Vitamin B_2	1,5 (F)–1,7 (M)
Vitamin B_6	1,6 (F)–1,8 (M)
Vitamin A	0,8- 1,0
Vitamin B_1	1,2 (F)–1,4 (M)
Folsäure	300 Mikrogramm (µg) Schwangere: 600 Stillende: 450
Biotin	30–100 Mikrogramm (µg) Bedarf schwer abschätzbar
Vitamin B_{12}	3 Mikrogramm (µg)

(F) = Frauen, (M) = Männer

Mineralstoffe

Tagesbedarf in mg/Tag

Kalium	2.000
Kalzium	1.000 Schwangere: 1.200 Stillende: 1.300
Phosphor	800 Schwangere: 1.000 Stillende: 1.000
Natrium	550
Magnesium	350

Spurenelemente

Tagesbedarf in mg/Tag

Eisen	15 (F) – 10 (M) Schwangere: 30 Stillende: 20
Zink	12 (F) – 15(M) Schwangere ab 4. Monat: 15 Stillende: 22
Kupfer	1,5–3,0
Mangan	2,0–5,0
Selen	20–100 Mikrogramm (µg)
Chrom	50–200 Mikrogramm (µg)

(F) = Frauen, (M) = Männer

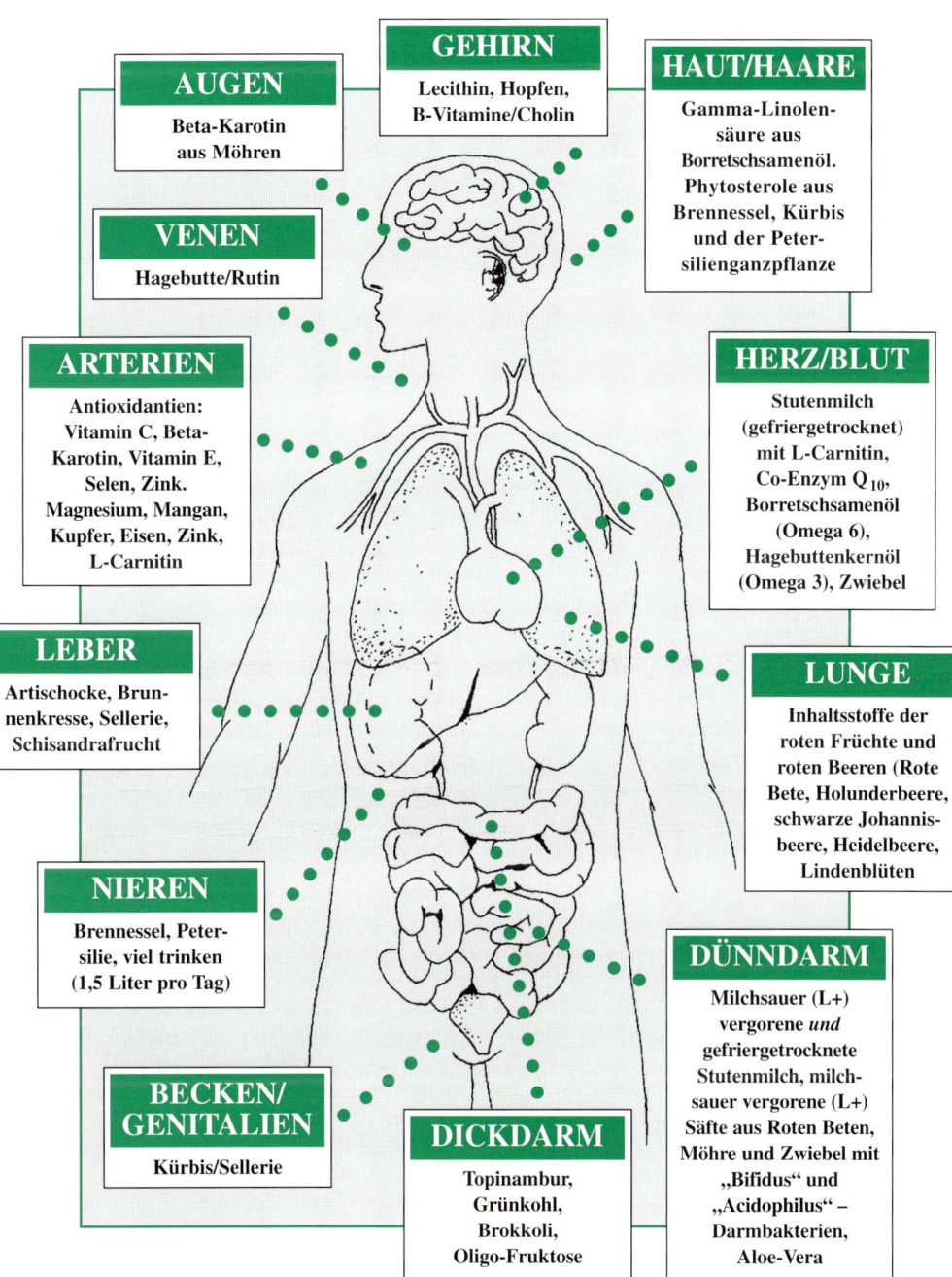

GEHIRN

Lecithin, Hopfen,
B-Vitamine/Cholin

AUGEN

Beta-Karotin
aus Möhren

HAUT/HAARE

Gamma-Linolen-
säure aus
Borretschsamenöl.
Phytosterole aus
Brennessel, Kürbis
und der Peter-
silienganzpflanze

VENEN

Hagebutte/Rutin

ARTERIEN

Antioxidantien:
Vitamin C, Beta-
Karotin, Vitamin E,
Selen, Zink.
Magnesium, Mangan,
Kupfer, Eisen, Zink,
L-Carnitin

HERZ/BLUT

Stutenmilch
(gefriergetrocknet)
mit L-Carnitin,
Co-Enzym Q_{10},
Borretschsamenöl
(Omega 6),
Hagebuttenkernöl
(Omega 3), Zwiebel

LEBER

Artischocke, Brun-
nenkresse, Sellerie,
Schisandrafrucht

LUNGE

Inhaltsstoffe der
roten Früchte und
roten Beeren (Rote
Bete, Holunderbeere,
schwarze Johannis-
beere, Heidelbeere,
Lindenblüten

NIEREN

Brennessel, Peter-
silie, viel trinken
(1,5 Liter pro Tag)

DÜNNDARM

Milchsauer (L+)
vergorene *und*
gefriergetrocknete
Stutenmilch, milch-
sauer vergorene (L+)
Säfte aus Roten Beten,
Möhre und Zwiebel mit
„Bifidus" und
„Acidophilus" –
Darmbakterien,
Aloe-Vera

**BECKEN/
GENITALIEN**

Kürbis/Sellerie

DICKDARM

Topinambur,
Grünkohl,
Brokkoli,
Oligo-Fruktose

... statt eines Nachwortes

Ich hoffe, mir ist mit diesem Buch eines gelungen: Ich wollte Ihnen einen Eindruck davon vermitteln, wie faszinierend es ist, sich mit dem Schatz unserer Nahrung zu beschäftigen.

Ich tue dies nun schon seit fast 20 Jahren und – glauben Sie mir: Auch ich lerne noch ständig dazu.

Ich habe mir eines fest vorgenommen: Ich möchte nicht nur ständig mehr über die Ernährung erfahren, sondern ich möchte auch dazu beitragen, die Ernährungsprobleme zu lösen, vor denen wir alle heute stehen. Unsere Nahrung wird zum einen immer vitalstoffärmer, und wir alle müssen uns auf die Suche nach Lebensmitteln machen, die uns mit allen so dringend nötigen Vitalstoffen versorgen.

Was für eine Herausforderung angesichts der Tatsache, daß unser modernes Leben uns kaum Zeit dafür läßt, unseren Speiseplan aufwendig zu komponieren.

Und zum Schluß reizte es mich doch, Ihnen meine Ideen zu einer zeitgemäßen Ernährung vorzustellen. Ich habe dazu viel in meinen Unterlagen gewühlt, um vielleicht eine Idee oder einen Aufhänger für eine witzige Präsentation zu finden. Dabei fiel mir ein Brief in die Hände. Geschrieben hat ihn eine Dame an ihre Freundin, die heute eine meiner besten Geschäftspartnerinnen ist.

Hamburg, den 15. 5. 91

Liebe Christine,

schade, daß Du schon in Hannover aussteigen mußtest: Ich habe auf der Weiterfahrt noch ein Erlebnis gehabt, das Dich mit Deinem „Ernährungsfimmel" sicherlich auch fasziniert hätte. Du erinnerst Dich doch noch an den Mann, der uns im Abteil gegenübersaß und sein Buch förmlich hinrichtete?

Nachdem Du ausgestiegen warst, hatte ich noch ein wenig mehr Zeit, ihn zu beobachten. Wie der mit seinem Fachbuch umging, da würde ich Flöhe bekommen: Mit einem dicken Marker fuhrwerkte er in den Seiten herum, zückte dann auch noch einen Kuli und schrieb auf die Seiten, ab und zu brummelte er dabei leise vor sich hin. Manchmal schien er richtig aufgeregt zu sein – dabei las er doch gar keinen Krimi, sondern das Buch trug den Titel: „Heilen mit Vitalstoffen" – klingt nicht rasend spannend, oder?

Zwischendurch blickte er dann wieder eine ganze Weile ruhig aus dem Fenster. Günstigerweise hattest Du mir ja noch die „Brigitte" dagelassen, über deren Rand hinweg ich ihn in Ruhe beobachten konnte. Irgendwann wurde es mir dann aber doch zu langweilig, und ich begann selbst zu lesen. „Essen Sie sich fit und vital mit Bio-Stoffen", titelte der eine Artikel. Wir sprachen ja neulich schon darüber: Wer soll eigentlich nach solchen Diätplänen leben? Dafür müßte ich den Vormittag im Supermarkt und im Reformhaus verbringen, um dann den Rest des Tages mit Kochen und Abwaschen beschäftigt zu sein.

Wo dann noch Zeit für die Kinder bleiben soll, ist mir schleierhaft – geschweige denn für den Haushalt oder gar

*mal für ein gutes Buch. Na, sei es drum, jedenfalls muß ich
wohl zu mitleidig beim Lesen auf das ranke, schlanke Model
in der „Brigitte" geguckt haben, das da gerade etwas säuer-
lich an einem Glas Sauerkrautsaft nuckelte.*

*Als ich den Blick wieder hob, merkte ich, daß mich mein
Gegenüber ebenfalls beobachtete: „Darf ich mal?", fragte er
und streckte die Hand nach meiner Zeitung aus. „Sicher,
bitte", sagte ich verwundert und reichte sie ihm. Sofort ver-
tiefte er sich mindestens ebenso intensiv in den
Ernährungsartikel, wie er vorher sein Fachbuch verschlun-
gen hatte. Der Leuchtmarker zuckte, als könne er ihn nur
mühsam zurückhalten. Ich konnte mir dann doch die Frage
nicht verkneifen, was ihn denn daran so fasziniere.*

*„Da kann doch eigentlich für Sie nichts Neues drinste-
hen", erkundigte ich mich. „Woher wissen Sie denn, daß ich
mich mit Ernährung beschäftige?", fragte er amüsiert zurück.
Mir schoß die Röte in die Wangen. Was soll's: „Ich habe gesehen, was für ein Buch Sie gerade lesen", gestand ich. „Aber
ich dachte, Sie seien Arzt." „Da hat Sie wohl der Titel ein
wenig in die Irre geführt", meinte er und schmunzelte. „Was
mich interessiert ist, wie man durch eine richtige Ernährung
Krankheiten von vornherein vermeiden kann. Das muß doch
eigentlich das Ziel einer modernen Wissenschaft sein, meinen
Sie nicht?" Ich konnte nur nicken, klar. Vor dem Abteil klap-
perte es. „Tee, Kaffee, Würstchen, belegte Brötchen ...", lei-
erte ein dienstbarer Geist im Gang.*

*Mein Magen knurrte – wir hätten auf dem Weg zum
Bahnhof doch noch einen Happen essen sollen, Zeit genug
wäre ja gewesen. Ich bestellte mir ein Käsesandwich und eine
Cola. Als ich bezahlt hatte, war mir mein Kauf gleich wieder
unangenehm – sicherlich rechnete mein Gegenüber schon im*

Geiste meine Vitalstoffbilanz durch. Dabei kam in mir so etwas wie Trotz hoch: Wieso mußte ich eigentlich nun mit schlechtem Gewissen an meinem Käsesandwich kauen – zwar weiß ich doch, daß es mit meiner Ernährung durchaus nicht zum besten steht, aber es bleibt eben einfach nicht immer Zeit für Vollwertkost.

„Lassen Sie es sich schmecken", wünschte mir mein Gegenüber und lächelte. Und trotzdem war mir meine Speiseauswahl schon wieder peinlich. Ich murmelte etwas von „najaallzugesundistesjanicht" in meine Coladose und nahm einen tiefen Schluck.

„So ist das nun einmal", ging er auf mein Gebrummel ein. „Die Bahn wird wohl nie top-vitalstoffreiche Snacks auf ihre Bedienungswagen packen – genausowenig, wie es wohl in absehbarer Zeit Pizza-Vitaminbomben oder Mineralstoff-Currywürste geben wird", sagte er.

„Das wäre aber praktisch", meinte ich und nahm noch einen Schluck. „Dann wäre man endlich das permanente schlechte Gewissen los, sich ja doch eigentlich ganz anders ernähren zu müssen, und doch wüßte man, daß man das richtige ißt. Hier", sagte ich und wies auf den Ernährungsteil in der Zeitschrift in seiner Hand, „ich kann so einfach nicht leben, dazu habe ich keine Zeit."

„Ich finde, daß dies eine der spannendsten Aufgaben ist, die die Ernährungswissenschaft lösen muß", erwiderte er. „Wir dürfen einfach nicht vergessen, daß unser Leben heute teilweise keinen Platz mehr läßt für eine ausgewogene Ernährung. Was übrigens die Vitamin-Pizzas anbelangt: da sind uns die Japaner ein gutes Stück voraus. Dort biegen sich bereits die Lebensmittelregale unter sogenannten „functional foods", das sind Lebensmittel, die die Japaner traditionell

tatsächlich essen, nur sind sie mit wichtigen Vitalstoffen angereichert."

„Dann kann ich auch Vitamintabletten schlucken, das ist doch dann das gleiche", ereiferte ich mich.

„Theoretisch könnten Sie", meinte er. „Doch in der Praxis halten das die Menschen nicht lange mit allen nötigen Vitalstoffen durch.

Wo finden Sie denn eine Kapsel, die alles enthält, was Sie brauchen? Zwangsläufig schlucken Sie eine ganze Hand voll – und fühlen sich angesichts des ganzen Tablettenkonsums schwerkrank. Wir können nur eines aus der Erfahrung lernen: Nur wer über längere Zeit seine Vitalstoffdepots wieder auffüllt, der gelangt langsam aber sicher auch wieder zu einer ausgeglichenen Ernährung. Denn warum sind eigentlich so viele Menschen so dick? Ihrem Organismus fehlen wichtige Vitalstoffe, und der Körper gibt das Kommando zum Essen – also auch zur Vitalstoffaufnahme. Nur essen diese Menschen verkehrt und vitalstoffarm und nehmen nur einen Haufen Kalorien zu sich und nichts sonst – und essen immer mehr."

Schuldbewußt fragte ich: „Dann habe ich wohl auch einen Vitalstoffmangel?" und dachte an mein Käsesandwich vorhin.

„Auf den ersten Blick würde ich sagen: Vitamin C, E, Selen, Zink, ein wenig Jod und vor allem Aminosäuren", erwiderte er zu meiner Verblüffung todernst. Ich traute mich aber erst einmal nicht nachzufragen, wie er wohl darauf käme. „Wie können Sie das aber so schnell feststellen, wenn Sie kein Arzt sind?", fragte ich, „sind Sie Ernährungswissenschaftler?"

„Nicht im klassischen Sinne", antwortete er mir sibyllinisch. „Ich lese viel, was die Ernährungswissenschaftler so

verfassen, auch die Mediziner, aber ich bin keines von beiden. Trotzdem fasziniert mich dieses Gebiet sehr. Ich komme eigentlich von der Elektrotechnik. Deshalb gehe ich das Ganze wohl auch ein wenig anders an als viele andere, etwas pragmatischer. Vereinfacht ausgedrückt: In der Elektrotechnik können Sie es sich nicht erlauben, stundenlang über die Vorteile von Strom zu reden – Sie müssen dafür sorgen, daß er auch fließen kann", sagte er recht heftig.

Langsam redete er sich fast in Rage. „Eine solche ‚Stromdiskussion‘ führen aber heute die meisten Akademiker, so kommt es mir jedenfalls vor. Denn wer kümmert sich schon darum, daß all die spannenden Dinge, die wir heute über unsere Ernährung wissen, auch den Menschen zugute kommen? Ich jedenfalls habe es mir zur Aufgabe gemacht, nicht nur darüber zu schwadronieren, sondern eine echte Lösung zu suchen."

Er stockte und begann, in seiner Reisetasche zu wühlen. „Und ich glaube – nein ich weiß –, ich habe sie gefunden", schloß er und hielt dabei eine mittelgroße Flasche hoch. Darin schwappte träge ein dickflüssiger, orangeroter Saft.

Zum Schluß hatte er fast mehr mit sich selbst geredet, hatte ich das Gefühl. Jetzt saß er da und sah schweigend aus dem Fenster. Der Zug rauschte gerade durch den kleinen Bahnhof eines typisch norddeutschen Nestes: Reetgedeckte Bauernhäuser und drumherum ein Haufen plattes, sehr grünes Land. Gerade brach die Sonne durch.

Ich sah mein Gegenüber an: Langsam entspannte er sich wieder ein wenig, er erwiderte meinen Blick. „Bitte entschuldigen Sie, ich war wohl eben ein wenig heftig, aber das Thema ist wirklich meine Leidenschaft", nahm er das Gespräch wieder auf. „Aber haben Sie mal einen Blick nach

*draußen getan? Ich finde es immer wieder herrlich, hierher
zurückzukommen. Ich war gerade im Süden, aber das ist nicht
meine Welt."*

*Jetzt wollte ich ja doch noch erfahren, wie er denn wohl
darauf gekommen sei, welche Vitalstoffe mir fehlen, aber darüber berichte ich Dir bei unserem nächsten Treffen, es wird
furchtbar spannend für Dich...*

Ich erklärte ihr dann mein Konzept für die optimale
Körperfettverbrennung, die auch nur möglich ist, wenn alle
nötigen Vitalstoffe vorhanden sind. Wir plauderten dann noch
eine ganze Weile und merkten erst, daß wir schon fast ange-
langt waren, als der Zug die Alsterbrücke überquerte. Dies ist
überhaupt das großartigste Entrée, das man in eine Großstadt
haben kann. Selten verspürt man soviel Leichtigkeit und
Großzügigkeit wie in dieser durch und durch hanseatischen
Weltstadt. Aber ich verliere mich.

Aus dieser Begegnung im Zug ist eine lange Freundschaft
entstanden, die Dame ist heute eine meiner besten
Mitstreiterinnen – und ich hoffe, daß ich noch viele derartige
Gespräche in meinem Leben haben werde. Denn was nützt
die ganze Wissenschaft, wenn man nicht das Ohr dafür offen
behält, was die Leute wirklich denken und brauchen?

Ihr

[Unterschrift: Hans-Günter Berner]

Glossar

Aminosäuren

Aminosäuren sind die Bausteine der Eiweiße. Einige von ihnen können wir selbst herstellen, andere müssen wir hingegen über die Nahrung aufnehmen. Dies sind die essentiellen Aminosäuren.

anaerob

„Aero" bedeutet Luft. Als „anaerob" bezeichnen Wissenschaftler alle Organismen, die ohne Sauerstoff auskommen. Dazu gehören einige Bakterien und Pilze.

Antioxidantien

Antioxidantien verhindern, daß aggressiver Sauerstoff andere wichtige chemische Verbindungen oder Strukturen angreift und zerstört. Noch lange bevor die Bedeutung der Antioxidantien in der Medizin erkannt wurde, nutzten Chemiker sie zur Haltbarmachung von Lebensmitteln. Deshalb ist Vitamin C oder Vitamin E häufig zusätzlich in Lebensmitteln enthalten. Dort dienen sie quasi als Konservierungsstoff.

Doch Antioxidantien halten nicht nur die Margarine frisch: Auch im Körper haben sie eine wichtige Aufgabe – chemisch gesehen dienen sie aber zu nichts anderem als auch in den Lebensmitteln: Sie fangen Sauerstoffatome und freie Radikale ab und machen sie unschädlich. Damit verhindern sie Schäden vor allem an den Zellwänden aber auch am Zellkern. Wichtige Antioxidantien sind das Vitamin A und dessen Provitamine (Karotinoide), die Vitamine C, E und die Spurenelemente Selen und Zink.

Co-Enzyme

Co-Enzyme helfen den Enzymen bei ihrer Arbeit oder ermöglichen erst deren Wirkung. Ein Enzym besteht immer aus Eiweiß (bzw. Aminosäuren), Co-Enzym-Bestandteile hingegen sind meist B-Vitamine, die wir regelmäßig mit der Nahrung aufnehmen müssen. Das wichtigste Co-Enzym im Kohlenhydratstoffwechsel ist das „Energie und Nervenvitamin" B_1. Co-Enzym und „Schlüsselvitamin" im Eiweißstoffwechsel ist dagegen das Vitamin B_6.

Darmflora

Mit dem Begriff „Flora" bezeichnen Biologen die belebte Pflanzenwelt – dazu gehören natürlich auch die winzigsten Lebewesen wie etwa Bakterien. Etwa 500 verschiedene Arten davon tummeln sich in unserem Darm. Wären sie nicht dort, könnten wir nicht leben. Denn die kleinen Organismen übernehmen dort wichtige Aufgaben.

So schließen sie beispielsweise verschiedene Nahrungssubstanzen auf, die unser körpereigenes Verdauungssystem nicht knacken könnte. Außerdem halten diese Darmbakterien unser größtes Immunorgan in Schwung – die Darmschleimhaut. So sorgen sie auch dafür, daß sich krankmachende Keime nicht ansiedeln können. Wer beispielsweise eine intakte Darmflora hat, ist viel weniger anfällig für schädliche Durchfallerreger oder andere Mikroorganismen wie etwa Pilze.

Diabetes Typ II

Diabetes Typ II heißt im Volksmund auch Altersdiabetes, da die Erkrankung meist erst nach dem 40. Lebensjahr auftritt. Diese Diabetesform, die ebenfalls wie Typ-I-Diabetes zu einem erhöhten Blutzuckerspiegel führt, ist ein klassisches

Wohlstandsleiden: Vor allem Überernährung, Bewegungsmangel und Übergewicht gelten als Ursache.

Enzyme

Enzyme sind Eiweißverbindungen, die chemische Reaktionen
im Körper anschieben, ohne dabei allerdings selbst zu reagieren. Das heißt auch, daß sie selbst nicht verbraucht werden.
Bis heute sind über 700 derartige Enzyme wissenschaftlich
erforscht. Jedes davon hat sehr spezielle Aufgaben.

Fettsäuren

Fettsäuren sind Bestandteile, aus denen Fette bestehen. Die normalen Nahrungsfette bestehen beispielsweise aus Palmitin-,
Stearin-, Öl-, Linol-, und Linolensäure, es gibt aber noch andere.
Die Unterschiede zwischen den einzelnen Fettsäuren sind
nicht nur für Akademiker interessant: Ganz besonders wichtig
sind die einfach und vor allem die mehrfach ungesättigten
Fettsäuren, die der Körper nicht selber herstellen kann.
Sie sind wichtige Bausteine für verschiedene lebensnotwendige Substanzen und spielen auch eine große Rolle bei
der Krankheitsvorbeugung (siehe auch Omega-Fettsäuren).
Deshalb ist es wichtig, vor allem ungesättigte Fettsäuren
durch die Nahrung aufzunehmen.

Freie Radikale

Freie Radikale sind chemisch wildgewordener Sauerstoff:
Normalerweise besteht ein Sauerstoffmolekül aus zwei
Sauerstoffatomen, die aneinanderhängen. Zerbricht diese
Verbindung, suchen beide Partner – also die einzelnen
Sauerstoffatome – neue Verbindungspartner.
Dies muß nicht unbedingt wieder ein freies Sauerstoffatom
sein – auch an andere Verbindungen wie etwa lange
Eiweißmoleküle kann sich so ein Sauerstoffradikal anlagern

und ihm einen geeigneten Teil entreißen, mit dem der Sauerstoff dann reagieren kann.

So bleibt eine zertrümmerte chemische Verbindung zurück. Schlimm wird es, wenn diese Verbindung beispielsweise Teil einer Zellwand oder gar des Zellinneren war. Dann entsteht eine veränderte, kranke Zelle. Bestenfalls stirbt die Zelle dann ab. Sie kann sich aber auch weiter teilen. Teilen sich viele entartete Zellen, entsteht im Extremfall Krebs.

Glukose-Toleranz-Faktor (GTF)

Obwohl man viele seiner Eigenschaften kennt, hat ihn noch nie jemand gesehen: den Glukose-Toleranz-Faktor (GTF). Viele Wissenschaftler glauben, daß er aus verschiedenen organischen Substanzen und vor allem dem Element Chrom besteht. Der GTF bildet zusammen mit dem Insulin, das zur Blutzuckerregulierung nötig ist, eine feste Verbindung auf der Zelloberfläche. Der GTF verstärkt die Insulinwirkung deutlich. Fehlt dem Körper Chrom, kann dieser den GTF nicht herstellen und braucht demzufolge mehr Insulin, um den Blutzuckerspiegel zu regeln.

Wer dann nicht genügend Insulin herstellen kann, der leidet unter einem zu hohen Blutzuckerspiegel. Studien haben gezeigt, daß es den Diabetikern, denen Chrom zur Bildung des GTF fehlt, besser geht, wenn sie Chrom zusätzlich einnehmen. Viele von ihnen können ihre Medikamentendosis reduzieren oder gar ganz absetzen – selbstverständlich nur nach Rücksprache mit dem Arzt.

L-Carnitin

L-Carnitin ist eine wichtige Substanz für den Stoffwechsel, der vitaminähnliche Eigenschaften zugeschrieben werden. Wissenschaftler diskutieren L-Carnitin als „konditionell essentiell", also als wichtigen Stoff für besondere Lebenslagen, beispielsweise Belastungssituationen. Eine zentrale Funktion hat er bei der Fettverbrennung in den Zellen. Um Carnitin selbst herstellen zu könne, braucht der Körper eine ganze Reihe an Substanzen: bestimmte Aminosäuren, aber auch die Vitamine C, B_6 und Folsäure sowie das Spurenelement Eisen. Fehlen diese Co-Enzym-Faktoren, beeinträchtigt dies die körpereigene Carnitinproduktion.

Lecithin

Lecithin ist eine fettähnliche Substanz, die für den Aufbau der Zellwände unabdingbar ist. Ein Baustein des Lecithins ist das Cholin. Cholin wiederum kann der Körper gut gebrauchen: es ist Bestandteil des Botenstoffes „Acetylcholin", der wichtige Informationen zwischen Nervenbahnen vermittelt.

Mangelerscheinung

Fehlen wichtige Vitalstoffe, wird man krank. Mediziner sprechen dann von Mangelerscheinungen. Die Ursachen dafür sind vielfältig. Bei uns spielen vor allem eine einseitige Ernährung und häufige strenge Diäten eine Rolle. Aber auch eine falsche Lebensmittelzubereitung kann der Grund für Mangelerscheinungen sein. Wer vielseitig ißt, kann allerdings trotzdem unter Vitalstoffmängeln leiden. Denn möglich ist auch, daß nicht jeder Organismus die Vitalstoffe aus der Nahrung gleich gut aufnehmen kann.

Die Symptome eines Vitalstoffmangels sind vielfältig. Dazu gehören Blutarmut ebenso wie trockene Haut, Konzentrationsschwäche oder Infektanfälligkeit. Ob jemandem Vitalstoffe fehlen, läßt sich im Blut nachweisen. Es ist allerdings sehr schade, daß solche „Vitalstoffprofile" noch immer viel zu selten genutzt werden, um gezielt nach Vitalstofflücken zu suchen.

Milchsäure

Einige Bakterien wie etwa die Lactobazillen, Bifidusbakterien und einige Streptococcusbakterien können Zucker zu Milchsäure abbauen. Wissenschaftler unterscheiden die rechtsdrehende – oder auch L(+)-Milchsäure – und die linksdrehende – oder auch D(-)-Milchsäure. Chemisch gesehen haben beide die gleiche Anzahl Atome, nur sind diese spiegelbildlich angeordnet. Milchsäure kommt in sogenannten milchsauer vergorenen Lebensmitteln vor, das sind Produkte, denen verschiedene Milchsäurebakterien zugesetzt wurden.

Studien haben gezeigt, daß milchsauer vergorene Lebensmittel und Milchsäure für gesunde Verhältnisse im Darm sorgen können und bei bestimmten Darmkrankheiten hilfreich sind.

Mineralstoffe

Mineralstoffe sind für lebensnotwendige Stoffwechselvorgänge im Körper unentbehrliche chemische Elemente. Im Gegensatz zu den Spurenelementen braucht der Mensch von ihnen größere Mengen – etwa 100 Milligramm bis zu einem Gramm täglich. Zu ihnen zählen vor allem Natrium, Kalium, Kalzium, Magnesium, Chlor und Phosphor.

Im Körper haben sie unterschiedliche Aufgaben. Sie dienen beispielsweise dem Aufbau und der ständigen Erneuerung von Knochen und Zähnen, sind Bestandteil verschiedener Enzyme und an der Regulation des Wasserhaushalts beteiligt.

Mitochondrien

Die Mitochondrien sind die Kraftwerke der Zelle – und damit unseres ganzen Körpers. In ihnen läuft die Energiegewinnung, d.h. „Verbrennung" von Fett und Zucker ab.

Die Zahl der Mitochondrien spiegelt den Energiebedarf einer Zelle wider. Herzmuskelzellen beispielsweise brauchen viele Mitochondrien, ebenso die durchtrainierten Skelettmuskeln eines Leichtathleten. Dagegen kommen wenig stoffwechselaktive Zellen, wie beispielsweise die Knorpelzellen, mit wenig Mitochondrien aus.

Nahrungsergänzungsmittel

Lebensmitteltechnologen sind heute in der Lage, Präparate herzustellen, die wichtige Vitalstoffe in konzentrierter Form enthalten. Sie dienen dazu, Vitalstoffmängel zu beheben oder gar nicht erst aufkommen zu lassen. Zwar haben sie gesundheitsfördernde Wirkungen, sind aber keine Arznei- sondern Lebensmittel.

Nährstoffdichte

(Fast) jedes Lebensmittel enthält Vitamine und Mineralstoffe. Das eine mehr, das andere weniger. Je höher deren Anteil im Vergleich zum Kaloriengehalt eines Lebensmittels liegt, desto höher ist die Nährstoffdichte. Obst und Gemüse schneiden dabei besonders gut ab, Süßigkeiten und Fast-Food-Produkte dagegen schlecht.

Oligo-Fruktose

Oligo-Fruktose ist eine Zuckersubstanz, die der Körper nicht verwerten kann. Sie besteht aus vielen hintereinandergehängten Fruchtzuckermolekülen. Oligo-Fruktose, manchmal auch als „Frukto-Oligo-Saccharide" bezeichnet, ist ein exzellentes Futter für gutartige Darmkeime.

Oligo-Peptide

Oligo-Peptide sind sehr kurzkettige Eiweiße. Eben weil sie so eine besondere chemische Struktur haben, kann der Körper leicht an ihre Einzelbestandteile gelangen – die Aminosäuren.

Omega-3- und Omega-6-Fettsäuren

Fettsäuren sind Bausteine des Fettes. Es gibt zwei wichtige Fettsäurenfamilien, die Omega-3- und die Omega-6-Fettsäuren. Zu den Omega-3-Fettsäuren gehören die alpha-Linolensäure (aus pflanzlichen Quellen) und die Eicosapentaensäure (EPA) und Docosahexaensäure (aus Fischölen). Sie haben beispielsweise wichtige Eigenschaften beim Aufbau der Zellmembranen und können die Fließeigenschaften des Blutes verbessern.

Omega-6-Fettsäuren wie die Linolsäure aus Sonnenblumen- und Distelöl oder die Gamma-Linolensäure aus Nachtkerzen- oder Borretschsamenöl unterstützen die gesunde Hautfunktion und haben einen günstigen Einfluß auf Herz-Kreislauf-Erkrankungen und den weiblichen Stoffwechsel zur Vorbeugung des prämenstruellen Syndroms (PMS).

Oxidativer Streß

Auch unsere Körperzellen kennen Streß: Der größte Streßfaktor für sie sind die freien Radikale, die auf der Suche nach einem Reaktionspartner sind und dabei auch vor den Zellen nicht haltmachen. Schaden sie dabei beispielsweise der Zellwand, oxidieren sie sie. Deshalb sagt man „oxidativer Streß".

Oxidoreduktasen

Oxidoreduktasen sind Enzyme und Co-Enzyme, die für die Verwertung, die Aufnahme und Abgabe des Sauerstoffs zuständig sind. Ohne eine ausreichende Menge an diesen Oxidoreduktasen findet keine ausreichende Sauerstoffanreicherung der roten Blutkörperchen statt.

Auch das Sauerstoff-Abgabevermögen des Hämoglobinmoleküls an die einzelnen Zellen ist von der Anzahl der Oxidoreduktasen abhängig. Um ausreichend Oxidoreduktasen zu bilden, ist der Verzehr von roten Gemüsen und Früchten (rote Bete, schwarze Johannisbeeren, Holunderbeeren, Heidelbeeren und Acerolakirschen) gut. Diese Gemüse und Früchte enthalten einen Superstoff, das sind die Anthocyanine, die die Funktion der Oxidoreduktasen unterstützen.

Radikalerkrankungen

Unter diesem Begriff fassen Forscher so weitverbreitete Krankheiten wie die Zuckerkrankheit, Arterienverkalkung oder Schlaganfall zusammen. Denn sie alle haben nach neuesten Erkenntnissen ein und dieselbe Ursache: Sie entstehen u. a. durch Schäden, die die freien Radikale hervorrufen. Deshalb der Name „Radikalerkrankungen". Dazu zählen außerdem der Graue Star, die Parkinson'sche Krankheit, Krebs und andere Störungen im Immunsystem.

Diese freien Radikale entstehen ständig in unserem Körper allein dadurch, daß wir atmen. Stehen genügend Antioxidantien zur Verfügung, hat unser Organismus auch ausreichende Schutzmechanismen zur Hand – sie halten diese aggressiven Substanzen in Schach.

Durch Zigarettenrauch, Sonnenbrand, die Höhenstrahlung (etwa während eines Fluges), durch Luftverschmutzung wie Smog, Ozon oder Autoabgase oder durch Chemikalien entstehen zusätzlich freie Radikale im Körper.

Sogar ein Mißverhältnis bei bestimmten Vitalstoffen kann ihre Entstehung fördern: Ist das im günstigen Fall gut austarierte Verhältnis der Omega-3- und Omega-6-Fettsäuren gestört, entstehen ebenfalls freie Radikale.

Schutz vor diesen schädlichen Zeitgenossen bieten vor allem die Vitamine A, C, E und die Karotinoide – dies aber immer nur gemeinsam, allein ist ihre Schutzwirkung längst nicht so gut. Auch die sogenannten „Lignane", wie etwa aus der Schisandrafrucht, schützen, ebenso wie einige hochpotente Enzyme: die „Superoxid-Dismutase", die „Katalase" und die „Glutathion-Peroxidase".

Aber auch hier ist der Körper auf die Zufuhr von ausreichenden Vitalstoffmengen angewiesen: Zum Aufbau dieser Schutz-Enzyme braucht er die Spurenelemente Mangan, Kupfer, Zink, Eisen und Selen sowie Nahrungsproteine.

Radikalenfänger

Radikalenfänger sind Substanzen, die freie Radikale durch chemische Reaktion unschädlich machen. Dazu zählen zum Beispiel Vitamin A, Beta-Karotin, Vitamin C, Vitamin E oder Zink und Selen. Auch der Körper selbst bildet Enzymsysteme, die freie Radikale fangen können. Dazu zählt beispielsweise die „Glutathion-Peroxidase", die wiederum nur entstehen kann, wenn der Körper ausreichend Selen zur Verfügung hat.

Resorption

Unter Resorption verstehen Wissenschaftler die Fähigkeit, Stoffe aus der Nahrung über den Darm ins Blut oder die Lymphflüssigkeit aufzunehmen. Voraussetzung dafür ist die Verdauung, das heißt, der Körper muß große Nährstoffmoleküle in so kleine Einheiten aufspalten, daß er sie aufnehmen und verwerten kann. Darüber, wie gut die Nährstoffe resorbiert werden, entscheiden auch die Darmflora und die Beschaffenheit der Darmschleimhaut.

Auch die chemische Struktur der aufzunehmenden Nährstoffe beeinflußt die Resorption. Besonders Mineralstoffe werden besser aufgenommen, wenn sie an organische Substanzen wie beispielsweise Milchsäure oder Aminosäuren gebunden sind. Diese übernehmen dann den Transport durch die Barriere

Darmschleimhaut. Andere Vitalstoffe wiederum beeinflussen sich gegenseitig. So verbessert Vitamin C die Resorption von pflanzlichem Eisen.

Rezeptor

Rezeptoren sind kleine Andockstellen an der Oberfläche einer Zelle. Auch für Nährstoffe gibt es solch eine eigene kleine Pforte. Der Rezeptor entscheidet, ob eine Substanz seinem „Steckbrief" entspricht und in die Zelle darf. Interessant ist, daß Insulin auch über solche Rezeptoren an der Zelloberfläche seine Wirkung entfaltet.

Sekundäre Pflanzeninhaltsstoffe

Wie der Name schon sagt: Sekundäre Pflanzeninhaltsstoffe kommen nur in Pflanzen vor. Sie werden dort im sogenannten „sekundären" Stoffwechsel gebildet und haben höchst unterschiedliche Aufgaben. Sie dienen der Pflanze beispielsweise als Abwehrstoffe gegen Schädlinge und Krankheiten, als Wachstumsregulatoren und als Farb- oder Geruchsstoffe.

Normalerweise nimmt man täglich etwa 1,5 Gramm sekundäre Pflanzenstoffe auf, die aus 5.000 bis 10.000 verschiedenen Substanzen bestehen. In der Pharmazie benutzt man sie für verschiedene pflanzliche Arzneimittel. Ganz allgemein haben diese natürlichen Bestandteile von Gemüse, Kräutern und Früchten verschiedene gesundheitsfördernde Eigenschaften.

Spurenelemente

Spurenelemente sind chemische Elemente, die der Körper in kleinsten Mengen für verschiedene Aufgaben braucht, beispielsweise für den Sauerstofftransport im Blut oder für eine gesunde Schilddrüsenfunktion. Sie regulieren damit wichtige Stoffwechselvorgänge des Körpers.

Einige von ihnen dienen allerdings auch als Radikalenfänger. Wichtige Spurenelemente sind Selen, Chrom, Zink und Jod.

Vitamine

Vitamine sind organische Verbindungen, die der Organismus für lebenswichtige Funktionen benötigt und die er selbst nicht herstellen kann. Sie müssen deshalb regelmäßig mit der Nahrung aufgenommen werden. Ernährungswissenschaftler unterscheiden die fettlöslichen und die wasserlöslichen Vitamine.

Die Wasserlöslichen, wie etwa das Vitamin C, scheidet der Körper mit dem Urin wieder aus. Deshalb kann er davon auch keine Speicher anlegen. Etwas anderes ist es mit den meisten fettlöslichen Vitaminen. Sie bleiben länger im Körper und können bei sehr hoher Aufnahme zu Überdosierungserscheinungen führen – insbesondere die Vitamine A und D.

Literaturverzeichnis

Deutsche Gesellschaft für Ernährung (DGE):
Ernährungsbericht 1996. Frankfurt: Druckerei
Heinrich GmbH, 1996

Dittrich, Kathi und Claus Leitzmann:
Bioaktive Substanzen. Stuttgart: TRIAS
(Georg Thieme Verlag), 1996

Elmadfa, Ibrahim und Claus Leitzmann:
Ernährung des Menschen. Stuttgart: Ulmer, 1990

Hamm, Michael: Gesundheitsschutz aus Obst und Gemüse.
München: Mosaik Verlag, 1996

Hamm, Michael: Schlank und gesund ohne Diät. München:
Mosaik Verlag, 1997

Hamm, Michael und Lisa Loewenthal:
Vitamine und Mineralstoffe.
München: Humboldt Taschenbuchverlag, 1995

Hamm, Michael: Fitnessernährung.
Reinbek: Rowohlt Verlag, 1996

Mühleib, Friedhelm: Fit, schön und gesund –
Vitamine. München: Gräfe und Unzer, 1993

Ohlenschläger, Gerhard und Gaby Guzek:
Schach dem Herzinfarkt. Hamburg: medi Verlag, 1997

Leitzmann, Claus und Maike Groeneveld: Gesundheit kann man
essen. Bioaktive Stoffe in Lebensmitteln. München: dtv, 1997

Watzl, Bernhard und Claus Leitzmann:
Bioaktive Substanzen in Lebensmitteln.
Stuttgart: Hippokrates Verlag, 1995

Index